29
Mystery

29

Mystery

結婚・搬家・開市・生小孩

挑日子

你應該懂的農民曆常識

柿子文化編輯部——著

29 Mystery

挑日子！結婚、搬家、開市、生小孩你應該懂的農民曆常識

作　　者　柿子文化編輯部
封面設計　林淑慧
美術編輯　吳佩真、李緹瀅
文　　編　曾詠蓁
增　　訂　王崇禮（問神達人的農民曆小補帖、問神達人王崇禮説故事）
主　　編　高煜婷
總 編 輯　林許文二

出　　版　柿子文化事業有限公司
地　　址　11677臺北市羅斯福路五段158號2樓
業務專線　（02）89314903#15
讀者專線　（02）89314903#9
傳　　真　（02）29319207
郵撥帳號　19822651柿子文化事業有限公司
投稿信箱　editor@persimmonbooks.com.tw
服務信箱　service@persimmonbooks.com.tw

初版一刷　2011年10月
二版一刷　2015年08月
三版一刷　2020年01月
定　　價　新臺幣320元
I S B N　978-986-98513-3-6

業務行政　鄭淑娟、陳顯中

國家圖書館出版品預行編目(CIP)資料

挑日子！結婚、搬家、開市、生小孩你應該懂的農民曆常識／柿子文化編輯部著； --三版. --臺北市：柿子文化，2020.01
面；　公分. --（mystery;29）

ISBN　978-986-98513-3-6（平裝）
1.命書 2.改運法

293.1　　108020186

中華文化的傳承知識，想認真研究，不是需要花費很長的時間鑽研，就是有很多專業術語需要去釐清。這本《挑日子！結婚、搬家、開市、生小孩你應該懂的農民曆常識》對一些擇日術語有很清楚的解釋，即使是初學者，也都可以很清楚了解其字面上所代表的意義。當然，在最好的日子裡，也有最壞的時辰；最壞的日子裡，也有最好的時辰，要如何運用才不會過度迷信，可試試這本書，必要時別忘了還是要諮詢專家喔！

——**問神達人王崇禮老師**，《神啊！教我如何把二個聖筊問出三個聖筊》作者

才剛翻開沒多久，這本書就非常吸引我。我是比較喜歡追根究柢型的人，就像小時候大家都對星座流行論點趨之若鶩，我卻不喜歡現成的答案跟死板的格式，覺得星座背後一定有更博大精深的理論架構，所以種下了日後研究正統占星學的契機。

對於農民曆也是一樣，每一天都有固定的吉凶，但是從小看到大，總覺得對我來說說服力不夠，因為每個人都不同，因此，我會比較想知道農民曆上為什麼這樣定論，而不是單純的按表操課。

這本書回溯了農民曆的形成過程，讓我看到它背後一個更精確的理論系統，除了能幫助讀者知道如何善用農民曆，不再執著迷信，也能肯定農民曆的參考價值，善用先民寶貴的智慧。

——**天空為限**，神祕學作家

農民曆的發行廣泛，華人社會幾乎家家都有一本，每個人都在看農民曆，面對一些看似簡單的術語，大家似乎都看得懂，卻又好像有看沒有懂，知其然而不知其所以然——領悟的結果不盡相同。熟讀本書，將能清楚的明白農民曆裡的奧妙，讓許多疑惑迎刃而解。

——**白漢忠**，中國命運大學博士

目錄

Part 2 圖解農民曆

看懂第一頁，過好一整年

看懂一個月，過好每一月

看懂每一天，過好每一日

New 問神達人的農民曆小補帖 如果真的需要移動居家陳設，能不驚動胎神嗎？

Part 3

用對農民曆帶來好運氣

用對農民曆創造好風水

農民曆相關的養生概念

附錄

Part 1

農民曆不只是農民曆

直到科學發達的今天，多數的家庭中仍放有一本農民曆，每年開春或是遇到人生大事時，大家還是習慣翻一翻這薄薄的小冊子，挑個對自己有利的好日子。農民曆對華人社會的巨大影響究竟從何而來？它只是一個趨吉避凶的工具嗎？還是有更深刻悠遠的哲學涵義與文化思想蘊含於其中？接著看下去，你將知道農民曆為何這麼「神」！

檔案 1

在臺灣，人手一本農民曆？

農民曆在臺灣每年的印製量估計可能多達二千萬本，隨著電腦網路科技的發達，農民曆的使用與取得方式變得更加方便而普及。其實，在我們的生活當中，有很多環節與農民曆密切相關，只是我們渾然不覺。

臺灣最暢銷的書

農民曆就是黃曆的俗稱，相較於中國大陸，臺灣比較常使用農民曆一詞來指稱黃曆。即使是在二十一世紀的臺灣，以年度為單位出版發行的農民曆仍然不減熱潮！

根據二〇〇一年某一家業者的出版情報，臺灣一年的農民曆銷售量約有二十萬本；而編撰農民曆的專業或非專業擇日師與印刷業者則表示，應該有更多印刷品提供索取或贈閱。因此，臺灣一年的農民曆印製量約可達二千萬本，版本多達十幾種，可說是臺灣最暢銷、長銷的書。

電子農民曆

隨著網路和科技的發展，紙本的農民曆也跟著轉型，現在只要上網連到Google、Yahoo等入口網站，鍵入「電子農民曆」字樣，就會看到許多熱心的網友提供的免費電子農民曆下載軟體，就連手機應用程式也有許多選擇，如果你不想下載，也可使用許多命理、開運公司所架設的「線上農民曆」查詢服務，輕鬆找到屬於你的好日子！

看好日子帶來好業績

因為我們的祖先留下想要「過好日子」當然得先「看好日子」的觀念，而農民曆正是結合古代曆法與吉凶占卜的書，查考它就是為了要知道什麼日子做什麼事會吉利、做什麼事可能會倒大楣，據此做好趨吉避凶的預備。

不管是婚喪喜慶、最佳生子時辰、搬新家的入厝時間、廟宇神明的開光點睛儀式、適合交新車、宴請賓客、開市、營業開張的日子，傳統習俗上不少人仍習慣要「看日子」，也因此，農民曆至今仍影響著各行業的淡旺季，如餐廳、糕餅業、房地產、車商等，他們都會依照曆書上好與壞的日子分佈，預估當年的營業高與低峰，以購進物料或大量出口、擬定行銷計畫等。

另外，至今常見紅色炸彈總是避開鬼月而在某些月份引爆，在所謂的好日子裡，飯店位子不好訂、出殯的日子竟然「塞靈車」，也都是因為大家都在「挑好日子」，所以才會有撞期的結果。

鬼月導致產業淡季

因臺灣人將農曆七月視為鬼月的忌諱，所以在鬼月，關乎人生大事的結婚、買房子、買車等相關行業就會顯得生意冷淡。以結婚相關的產業來看，婚紗、攝影、喜餅、宴客餐廳在鬼月都會直接受到影響，所以他們自然會評估在農曆七月要不要有便宜的促銷計畫、糕餅製作的原料進貨是否要減量，還是要安排員工休假等因應措施。

什麼時候需要看農民曆？

雖然臺灣已經脫離了農業時代，進入工商業時代，但農民曆仍潛伏在現代人的生活中，只是常常隱而不察罷了。除了大家熟知的二十四節氣與行事宜忌之外，還有許多生活上的小問題，不少人依舊習慣在這本薄薄的農民曆當中找答案：

1 **行事宜忌的參考：**無論是婚喪喜慶的大事，還是剃頭整容的個人行為，到你搬新家的入厝時間、廟宇神明的開光點睛儀式、適合交新車、宴請賓客的日子，都可以在農民曆上找到答案。

2 **以二十四節氣應對季節變換：**例如夏至是一年中白天最長的一天，寒冷的天氣已經完全遠離，要迎接炙熱的夏季；大寒是一年中最冷的階段，厚重的棉被、外套要提早準備好；冬至時適合全家團圓喝碗湯圓寓意年終團聚；清明前後多半都會掃墓等等。

3 **吃素的參考：**「老欸啊！明阿在愛呷菜喔！」的聲音，總在初一、十五前響起。有的民眾會在每月的初一或十五日吃素，另外有的商家也會在初二、十六拜門口的過路遊神，這些日子都要看農民曆。

4 **判斷五行生剋的依據：**今天是農曆干支的幾月幾日？子月庚戌日？申月丙午日？可以用來判斷五行生剋的依據。

5 **挑選黃道吉日：**想要博得好彩頭，找個黃道吉時來開店？農民曆首頁會有今年適合營商、開市、開工的日子，還有新春適合出遊出國的日子，也都可以找到。

6 **提前防曬準備：**一年中最熱的日子到底是哪天？看春社三伏日就能提前防曬準備啦！

7 **漁農業指引：**農夫看「種植」、漁人看「漁撈」一欄，就可以知道什麼時候要種什麼菜、在哪裡捕什麼魚。

8 **看虛歲：**尤其談到婚姻嫁娶時，因為歲數沖剋的問題，一般都會避開男女相差三、六、九歲的組合，這時候就需要看虛歲來評斷了。

9 **神明生日記事本：**天上那麼多神，祂的生日到底是哪天？「當日紀要」（請見115頁）裡頭都會記錄，這樣你就不會漏掉神明的聖誕、千秋啦！想要酬神、祈福就可以知道要在哪天準備了。

10 **安胎的心理需求：**懷有身孕的媽咪也可以看看胎神今天在哪邊停留，做個行事參考。

11 **行事動靜的參考：**今天是適合我的日子嗎？可以看沖煞年齡，要是今天輪到你，宜冷靜勿躁動啦！

12 **流年運勢判斷：**想知道今年的運勢到底怎麼樣？不必求人，農民曆也有十二生肖的每月運勢表。

13 **算命的基礎：**看自己的出生年月日來算出自己的命幾兩重，作為算命的參考。

在農民曆中還可以查到每日吉時、喜財神方位等，有的農民曆還會增加一些生活小智慧、公司行號和姓名筆畫的吉凶參考、男女配婚的吉凶等等，可說是家家必備的全方位生活工具書。

問神達人王崇禮的
農民曆小補帖

鬼月不問事!?

農曆七月好兄弟Fun假，通常廟宇都會暫停問、辦事，因為神明在調查案情時可能會打擾到孤魂的假期，除非不得已，否則也會跟著暑休一下。

我手上沒有農民曆？

可別急著撇清說你手上沒有農民曆，現在的農民曆很多都以化整為零的模式悄悄滲入現代人的日誌本、行事曆或月曆當中。就算中華民國政府早在西元一九一二年就宣布廢舊式的曆法，實施世界通行的陽曆（西曆，即格勒哥里曆），但中國人以農立國，幾千年來早已習慣按照舊曆上附記的節氣表進行農漁獵牧等百業的行事作息參考，國民政府也依著民情，按舊曆中的節氣來訂定公休，所以現在的春節、清明、端午、中秋等都是國定假日，即使是冬至這類沒放假的節氣日，現在的月曆上依舊看得到，由此可見，農民曆仍舊有著非凡的影響力。

檔案 2

河圖洛書到底是圖還是書？

農民曆當中牽涉到了一個流傳四千餘年的神祕智慧——河圖洛書。《易經》裡提到的河圖和洛書並沒有文字流傳下來，只說是聖人會效法的準則。到了宋朝，河圖洛書和九宮學說、五行生成數結合，變成有名的圖數，可以用來觀測風水、占卜、擇日等。

用於風水、擇吉的神祕數列

《易經・繫辭傳》裡曾提到：「河出圖，洛出書，聖人則之。」河圖、洛書是來自上古時代傳說中的數列排序，這個數列成為《易經》的源頭，也是後來農民曆擇吉計算的基礎。

河圖本來是一種遠古天文觀測器的名稱，上面刻著天文星象；洛書則是遠古時代的計算器，是中國最早的珠算盤。然而，河圖洛書演變至今，最廣為人知的反而是它們所代表的數列，廣泛的被運用在風水、占卜、星相、術數、擇日等方面，又因為兩者常併用，所以通常連稱為「河圖洛書」。

玄妙的出土傳説

河圖、洛書的出現，各有一段傳奇故事。

相傳在遠古時期，黃河出現一匹身上有文采圖案的龍馬，稱為「龍馬負圖」，伏羲把牠身上的文字記錄下來，因為出於黃河，所以便叫「河圖」。

洛書則是洛水浮出一隻甲殼上有花紋的神龜，黃帝（一說是大禹）記錄下牠身上的圖案，又因為在河南洛水出現，所以稱為「洛書」。

河圖、洛書的演化

先秦時代的河圖洛書只是具有帝王祥瑞的神獸象徵，西漢時代「龍馬負圖，神龜貢書」的神話傳說才開始流傳。到了東漢時期，河圖洛書已經演變發展成為有文字、成篇章的書籍，一直到五代末、北宋初，易學大師陳摶才提出了河圖洛書的具體圖案。

陳摶融合了漢朝至唐朝的九宮學說（註1），以及漢代鄭玄的五行生成數（註2）對應出河圖洛書的原型。後來劉牧再將陳摶的圖分定為兩種：九宮圖稱「河圖」，五行生成圖稱「洛書」，但當時學界各家的看法不同，有人認為相反的說法才對。直到南宋，蔡元定和朱熹才把長久以來的分歧定為：五行生成圖是「河圖」，九宮圖為「洛書」。

河圖口訣

一六共黑水，二七同紅火、三八為青木、四九為白金、五十共黃土。

	火 七　成數 二　生數	
木 八　三 成數　生數	土 五　十 生數　成數	金 四　九 生數　成數
	一　生數 六　成數 水	

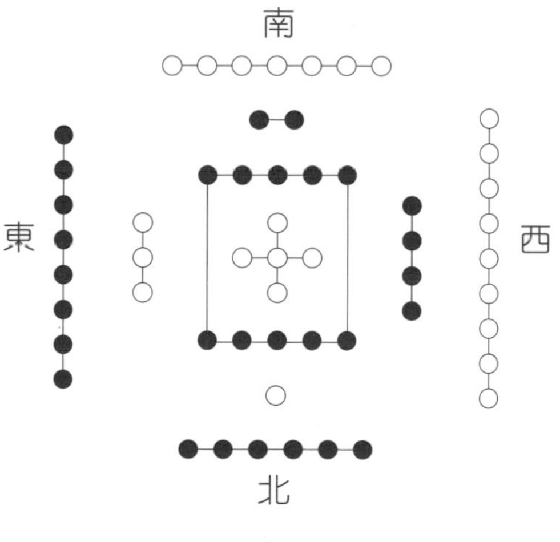

河圖歌：天一生水，地六成之。地二生火，天七成之。天三生木，地八成之。地四生金，天九成之。天五生土，地十成之。

〔註1〕將天宮以井字劃分成九個等份，以正中的方位為中宮，對應四個正向和四個角落為八宮。

〔註2〕天一生水於北，地二生火於南，天三生木於東，地四生金於西，天五生土於中。

洛書口訣

上九下一、左三右七、二四為肩、六八為足、五居中央。

4	9	2
3	5	7
8	1	6

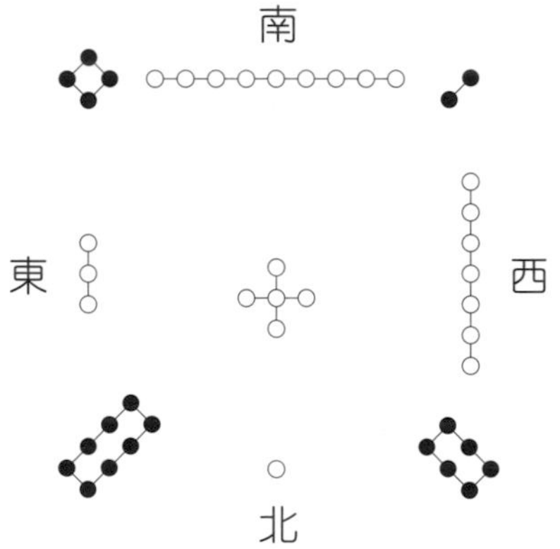

洛書自北而西，右轉是相剋的，相對的位置則為相生：東南四九金，生西北一六水；東北三八木，生西南二七火。

河圖洛書在中國數術界具有崇高地位，如果你想讀懂《易經》，想要學習風水、擇吉、紫微斗數等命理開運等相關學術，都離不開河圖洛書的基本理論範疇。

河圖洛書被認為是中國上古時代的星象圖，結合了當時卓越的天文學與數學的知識，廣泛的應用在中國文化中。例如講究天人合一、相生相剋的中醫理論中，就符合河圖洛書的陣數原則。

檔案3

農民曆的基礎——陰陽五行

老祖宗以陰陽五行搭配季節運行加上數千年的生活經驗，編成了農民曆。陰、陽是源自上古人類對大自然的觀察分類，萬物都有對立又相連的概念；五行（金、木、水、火、土）是老祖先認為宇宙的組成分子，萬物都可以分類到這五個類別當中，並且擁有各自的特性。

從背日與向日的現象起始

陰陽的概念源自於上古中國人對大自然的觀察分類，一開始陰與陽的意思單純是指背日與向日，尚未有延伸的哲學意涵，但後來這樣對立又相連的概念也用來分類天地、日月、晝夜、男女、上下等等各種現象。

春秋時代的《易傳》與老子的《道德經》中都有提到陰陽的概念；陰陽家則認為天文曆象是天道的表現，也是天下綱紀，因此，當政者都必須遵守順天者昌、逆天者亡的定律，例如《黃帝內經・素問》

陰：靜止、內守、下降、寒冷、晦暗者等等都屬陰，例如大地、月亮、女人、水。
陽：積極、外向、上升、溫熱、明亮者等等都屬陽，例如天空、太陽、男人、火。

曾提到：「陰陽者，天地之道也，萬物之綱紀，變化之父母，生殺之本始，神明之府也。」

到了北宋的時候，傳說是陳摶發明、由周敦頤傳世的太極陰陽圖出現了——被S形曲線分成兩半的黑色與白色圓形，並且黑中有白點，白中有黑點，表示陰中有陽、陽中有陰。因為分開的兩部分形狀像魚，所以又俗稱「太極魚」，中國的陰陽說明了宇宙萬物互相依存、消長和互相轉化的關係。

由五行組成的物質世界

五行的觀念在《尚書‧洪範篇》中已經完整出現：「五行：一曰水，二曰火，三曰木，四曰金，五曰土。」可見這觀念起源很早，並且影響深遠。中國人認為，五行組成萬物的基本，是最重要的物質，可說是中國傳統的宇宙組成學說。

基於對五行的了解，古人把世間萬物都對應到了五行上，這樣的運用已經不單單只是五行本身的意義，而是延伸到該類的特性、抽象意涵等等。

水：水曰潤下。代表水有向下流動的趨勢，並且可以滋潤萬物。向下流散，有寒涼、滋潤、流動、自由、向下的力量。

火：火曰炎上。代表火在燃燒的時候，焰火漂浮在上，向外發光發熱。向上擴升，有發熱、光明、膨脹、向上、溫暖的意義。

木：木曰曲直。代表樹木的主幹筆直生長，而樹枝向四方彎曲發展。四方發散，有生長、蓬勃、向外、生發、舒暢的意義。

金：金曰從革。金可以隨著外力而改變順從，剛柔並濟，可以順從變革。中心凝聚，有收斂、剛銳、砍伐、清潔、柔和的意義。

土：土爰稼穡。所謂「春種曰稼，秋收曰穡」，代表莊稼農事的播種與收穫。左右移動，有生長、厚重、生化、向內、承載的意義。

五行之間有著相輔相成與對立關係的概念，深深影響古代的天文學、化學、數學、音樂等等各方面的學問。事實上，中國傳統醫學也把五行運用在生理現象、病理變化與診斷病症各方面，對中醫理論體系的形成和發展，有著舉足輕重的地位。

雖說後來陰陽五行的學說開始產生穿鑿附會的流弊，但它的理論貢獻仍舊有目共睹，它成為中國許多理論的根基，形成一套龐大的系統——大到朝代的替換、小到生活吉凶宜忌的判斷，無論是風水、擇日、天文、飲食、醫療，都可以看到陰陽五行的蹤跡，成為中國傳統文化中最基礎的一部分。

五行相生、相剋的規律

五行相生的規律：木生火，火生土，土生金，金生水，水生木。

五行相剋的規律：木剋土，土剋水，水剋火，火剋金，金剋木。

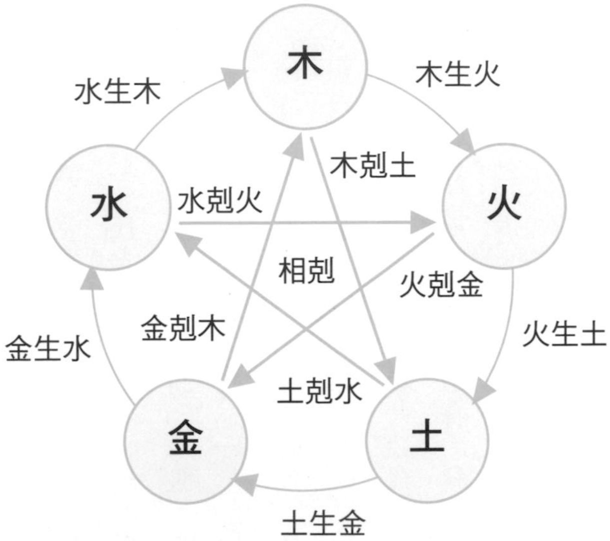

見的五行分類

五行	金	木	水	火	土
五色	白	青	黑	赤	黃
五獸	白虎	青龍	玄武	朱雀	黃麒麟
五方	西	東	北	南	中
五季	秋	春	冬	夏	長夏
天干	庚辛	甲乙	壬癸	丙丁	戊己
地支	申酉	寅卯	亥子	巳午	辰未戌丑
五節	七夕	新年	重陽	上巳	端午
五星	金星	木星	水星	火星	土星
五音	商	角	羽	徵	宮
五臟	肺	肝	腎	心	脾
五腑	大腸	膽	膀胱	小腸	胃
五指	無名指	食指	小指	中指	大拇指
五官	鼻	目	耳	舌	口
五覺	香	色	聲	觸	味
五味	辛	酸	鹹	苦	甘
五常	義	仁	智	禮	信
五志	悲	怒	恐	喜	憂思
五惡	燥	風	寒	熱	濕
五藏	魄	魂	志	神	意

檔案 4

什麼是天干地支？

學期成績得到了「甲」等，班級分班是二年「乙」班……沒想到吧，日常生活常見的分類代號，竟然就是感覺距離遙遠的十個「天干」。中國文化中充滿著相對的概念，有「陰」就有「陽」，有「天干」就有了「地支」，天干與地支的組合是中國獨特的計時方式，那麼究竟什麼是天干與地支呢？

要懂農民曆，先認識天干地支

隨手拿起一本免費的農民曆小冊翻閱，扣除掉出版之鎮公所、鎮民代表或是寺廟的編輯所附加的宣揚政績照片、各機關聯絡方式一覽表、政令宣導、廣告、生肖與星座個性運勢解析、勸世文、生活保健法、飲食宜忌圖……等等內容以外，其實簡單看農民曆，大多薄薄的不出三十頁，並且可以分成兩大部分來分析：一為「曆法」、二為「擇日／行事宜忌」。不管是「曆法」還是「擇日／行事宜忌」，都與農民曆當中的計時方式——天干地支息息相關，因此要進入農民曆的世界，我們首先要對天干地支有一些了解。

天干地支的起源

天干地支是誰發明的？相傳是四千年前黃帝的臣子大撓氏所創。

隋代《五行大義》中記載，昔軒轅黃帝之時，命大撓氏探察天地之氣機，探究五行：「採五行之情，佔鬥機所建，始作甲乙以名日，謂之干，作子丑以名月，謂之支。有事於天則用日，有事於地則用月。陰陽之別，故有支干名也。」

由殷墟出土的甲骨文中可以看到，殷商時代的人們已採用天干地支來紀日。

排列天地間的順序

關於天干與地支所代表的真正意涵，《說文解字》、《史記》、《漢書》、《釋名》與現代學者郭沫若、王顯春、南懷瑾等人，都曾經進行過研究，雖然學者們對天干地支的解釋眾說紛紜，但是我們可以確定一點，那就是古書上對天干地支的解釋，都充滿了陰陽五行的思想（關於陰陽五行的詳細介紹請見21頁）。

天干

依南懷瑾先生的解釋，五行中的金木水火土，象徵了天上的五個星球，十個天干即是這五個星球對地球放射能的干擾，所產生之陰陽變化的衍生，其順序蘊含萬物萌芽、成長、興旺、衰退、消失等過程，依此循環不已。

知名的命理專家白漢忠先生則指出，這十個天干所排列的符號含括天地間的順序，古時用來記載年、月、日、時，而後演變成某些事物的先後次序。

地支

南懷瑾先生認為，十二地支代表著地球本身的放射能，與天干之間交互影響，因此形成了天地間變動的法則。

古人以十二地支代表一年十二個月，一日十二個時辰（一個時辰兩小時），也代表著十二個年代，與十個天干交互配合，以每六十年循環一周期，稱為六十花甲（天干地支計時方式請見29頁）。與天干相同的是，這十二地支也代表了天地間的順序，要探討中國的八字、紫微、奇門遁甲等術數都得用到。

古中國的宇宙觀

天干地支不僅僅是計時的方式，也代表了古中國的宇宙觀，要深入探究起來，絕對是一門大學問。

十個天干、十二個地支，就能組合成周而復始的計時方式，古人藉由天干地支的排列組合，標記了陰與陽、四季變化、萬物的樣態與方位，有非常深的智慧蘊藏其中。

雖然深受中國文化影響的亞洲國家，近代都已經全面改採西曆，但以日本為例，至今以天干地支表示年份的文化依然存在，例如二〇二〇年仍會以「庚子年」來表示，顯示天干地支的深遠影響，仍在這些亞洲國家當中細水長流的存在著。

天干地支與五行、季節、方位對應

五行	天干		地支		季節	方位
木	甲	乙	寅	卯	春	東方
火	丙	丁	巳	午	夏	南方
土	戊	己	戌、辰	未、丑	長夏	中央
金	庚	辛	申	酉	秋	西方
水	壬	癸	亥	子	冬	北方

檔案 5

古代如何用天干地支來計時？

以十天干搭配十二地支，陽干對陽支、陰干對陰支，依序排列變成六十日。古代的月份稱呼只使用十二地支，至於年與日就會需要使用到六十干支；年日以干支計算時，是完全不受到季節、月相干擾的，它就像火車一直行駛在六十速限的軌道上，可以綿延不絕！

六十花甲是這樣排列組合的

干支系統是世界最古老、延續最久的紀日方法，中國瓷器、書畫上的落款至今仍常會使用到干支紀年，六十干支的組合就像拉鍊兩邊的鍊齒，天干與地支各以十與十二為週期循環，往復堆疊出六十的長度，就可以完全配對。

正因為十與十二都是偶數，所以會有奇數配奇數、偶數配偶數的現象，例如甲就只會與子、寅、辰、午、申、戌搭配，子也只會與甲、丙、戊、庚、壬成一組，排列時都會固定天干在前、地支在後，而古代中國人則將奇、偶之分以陰陽二種概念來稱呼。

干支計時的演化

干支紀日的起源十分早，考古發現，殷商時期的龜甲上就已經出現記錄干支的卜辭了。根據最近的估計，五十多年來出土累計至十萬片的甲骨遺物中，幾乎沒有一片的內文不包含干支。

在甲骨文當中，干支主要用於紀日，不過也曾經用於紀月、紀年、紀時；總體而言，商代、甚至商代之前的人就已經有這種使用記錄，至秦漢時發展至用以紀月，一直到東漢之後才正式用以紀年與紀時。

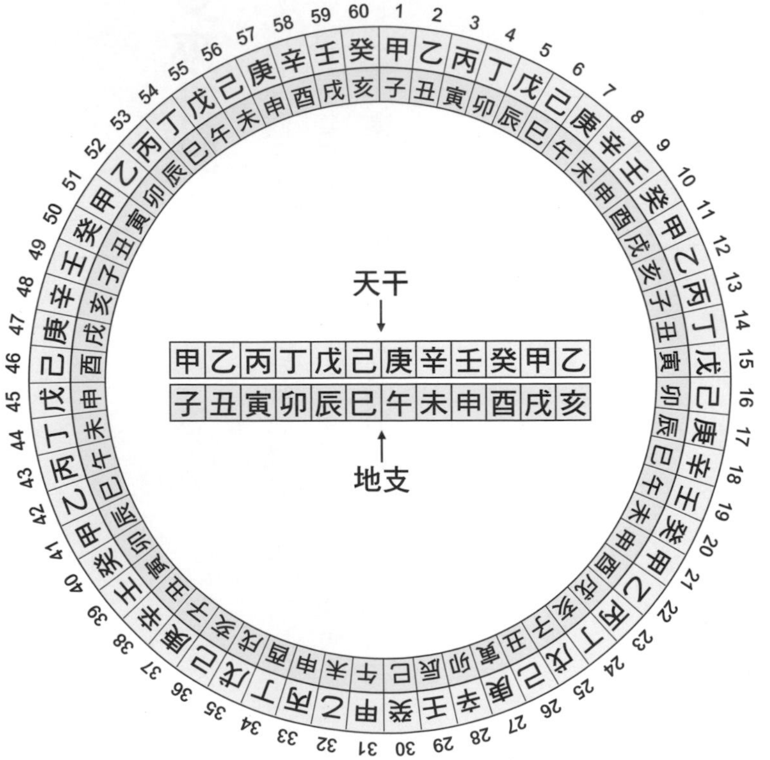

干支的陰陽與奇偶

天干	陰陽	奇偶
甲	陽	奇
乙	陰	偶
丙	陽	奇
丁	陰	偶
戊	陽	奇
己	陰	偶
庚	陽	奇
辛	陰	偶
壬	陽	奇
癸	陰	偶

地支	陰陽	奇偶
子	陽	奇
丑	陰	偶
寅	陽	奇
卯	陰	偶
辰	陽	奇
巳	陰	偶
午	陽	奇
未	陰	偶
申	陽	奇
酉	陰	偶
戌	陽	奇
亥	陰	偶

干支紀年、干支紀日

1	甲子	16	己卯	31	甲午	46	己酉
2	乙丑	17	庚辰	32	乙未	47	庚戌
3	丙寅	18	辛巳	33	丙申	48	辛亥
4	丁卯	19	壬午	34	丁酉	49	壬子
5	戊辰	20	癸未	35	戊戌	50	癸丑
6	己巳	21	甲申	36	己亥	51	甲寅
7	庚午	22	乙酉	37	庚子	52	乙卯
8	辛未	23	丙戌	38	辛丑	53	丙辰
9	壬申	24	丁亥	39	壬寅	54	丁巳
10	癸酉	25	戊子	40	癸卯	55	戊午
11	甲戌	26	己丑	41	甲辰	56	己未
12	乙亥	27	庚寅	42	乙巳	57	庚申
13	丙子	28	辛卯	43	丙午	58	辛酉
14	丁丑	29	壬辰	44	丁未	59	壬戌
15	戊寅	30	癸巳	45	戊申	60	癸亥

地支紀月

一月	寅月
二月	卯月
三月	辰月
四月	巳月
五月	午月
六月	未月
七月	申月
八月	酉月
九月	戌月
十月	亥月
十一月	子月
十二月	丑月

地支紀時

地支	時間	地支	時間
子時	23:00－01:00	午時	11:00－13:00
丑時	01:00－03:00	未時	13:00－15:00
寅時	03:00－05:00	申時	15:00－17:00
卯時	05:00－07:00	酉時	17:00－19:00
辰時	07:00－09:00	戌時	19:00－21:00
巳時	09:00－11:00	亥時	21:00－23:00

現代社會用不到干支了嗎？

現代人雖然不以干支來計時，但生活中仍常利用它來標記事物的先後次序，舉例來說：學校中常見以甲、乙、丙等天干的順序來編列班級，老師打學生作業成績或公家機構主管打部屬的考績，都會用到天干；商業社會中合約的簽訂，也常以甲方乙方來區分兩造；宮廟之中，籤詩的序號，目前也仍會用到天干與地支。

另外，干支和陰陽、五行兩大學說的結合，已經成為中國文化的一套系統，因此，如果你想要了解中醫理論、風水命理等中國古老的傳統知識，甚至，若你想要讀懂、善用手上的農民曆「挑好日子、過好日子」，都必須對干支的系統有一個初步的了解，畢竟當中除了計時，就連方位、角度……等大都會運用到干支。

問神達人王崇禮的
農民曆小補帖

籤詩序號也會用到天干地支

一般來說，宮廟裡抽籤詩的籤序的標示方法，除了單純用數字標示的（如：第一首、第二首……），也常常運用到天干與地支來排序：有單純用天干來排的天干籤序（如：甲甲、甲乙……）、僅用地支來排的地支籤序（如：子宮、丑宮……），以及天干地支搭配的天干地支籤序（如：甲子籤、乙丑籤……）。

檔案 6

農民曆是陰曆嗎？

一般人提到農民曆，總以它跟現在通行的陽曆為對比，認為它是陰曆，但是……

中國古代的天文曆法，不單單觀察月亮或星星作為計算單位，對於太陽週期的掌握也相當先進。例如，農民曆的閏月與節氣便是對純陰曆的修正，因此比陰曆更為精密，所以中國古曆不能只用陰曆一語蓋之，正確的說法應是「陰陽曆」。

太陽歲分太陽月

中國古曆（後文簡稱中曆）以黑夜最長、白晝最短的「冬至」，至下一次的冬至之太陽週期——「歲實」為一歲，所以請注意，中曆裡的「歲」是屬於「太陽年」。

中國古代的宇宙觀認為，太陽是繞著地球轉動的，而在古人想像中的天球模型裡，太陽的軌跡——「黃道」按著季節均分為十二節月，又稱十二建月，也就是十二個太陽月，並且以十二地支命名。而一個節月又被分為兩氣——節月初點叫做「節氣」、節月中點稱作「中氣」，二者合稱即為眾所皆知的二十四節氣，所以每個建月都是以節氣開始、以節氣結束（詳細的二十四節氣介紹將於請見94頁）。

太陰月合太陰年

中曆也有以太陰／月亮的盈虧週期——「朔策」為主的計月方式，而這種演算法就與季節無關、不能反映季節。

朔策長約二十九・五三〇五八日，所以會以三十日或二十九日當作一個曆月，含三十日的曆月稱為大月、二十九日則為小月。為保證每月的頭一天必須是「朔」（完全不見月亮的初一），使得大小月的安排不固定，有可能大月相連或大小月交錯。太陰曆月以數序命名（一、二、三等數字），其中一月也稱正月；十二個太陰曆月則為一個曆「年」，比太陽年的一「歲」少約十一天，因此需要設置閏月。

閏月在殷商以前稱作十三月，之後則以重複前月之名為名。

臺灣民俗中的重要閏月及習俗

孤鸞年不利嫁娶？（閏二月）

臺灣民俗認為，一年之中若閏二月而有兩個立春的節氣，該年就是「孤鸞年」。這是因為「春」有桃花的意思，一年出現兩個「春」表示桃花不只一朵，婚姻容易不安定，所以不利嫁娶。

另外，孤鸞年的隔年沒有立春，這無春年就是「寡婦年」。不過，以上的說法只是節氣、曆法上的排列組合，並無實際影響婚姻幸福的根據。

出嫁女兒送父母豬腳添福壽！（閏五月）

農曆五月已步入夏季，容易有傳染病發生，因而被視為「毒月」、「惡月」，而閏五月讓古早人更是心生恐懼！

所以，傳統上嫁出去的女兒會在農曆五月前送豬腳麵線給父母添福、添壽。要注意的是，豬腳要買現成煮好的，不能買生的回家自己滷，因為正是要透過購買的舉動達到轉運與花錢消災之效。

只有第一個月是鬼月！（閏七月）

有一句臺語俗諺是「沒米又兼閏月」，指的就是閏七月！

之所以會有這句俗諺，是因為民間不只將第一個七月視為鬼月，連第二個七月也算，造成所有的民俗活動都不能舉行，影響許多業者的生計。

不過，命理專家指出，鬼門開、中元普渡和鬼門關的祭祀儀式都是以第一個七月為主，因此，鬼月其實只有一個月，閏七月只是在「校正時差」而已，沒有需要特別迴避。

奉正朔的沿革

太陰曆年的開始需要以陽曆來判斷，中曆新年的歲首又稱作正朔，夏朝以寅月當中的朔日為新年的正月初一，所以通稱「夏正建寅」，又稱「寅正」或「夏正」；商朝建立在丑月，也稱「殷正建丑」；周朝建立在子月，別稱「周正建子」；而夏正、殷正、周正則合稱三正。

不過，秦始皇一統戰國七雄之後，他便改採呂不韋以建亥為正創立的「顓頊曆」。直到西漢太初元年（西元前一〇四年），漢武帝才再度採行夏正，在接下來的二千多年當中，除了王莽改用殷正、唐武后改採周正，以及魏明帝與唐肅宗曾改朔之外，其他皆很快的改回夏正定曆，也因為如此，中國曆一般也稱「夏曆」。

更巧的是，在《說文解字》當中，「夏」乃「中國人」之意；因此，「夏曆」同時具有「中國曆」與「夏正建寅曆」雙關之意。

為了因應朔策與歲實閏月增算不夠精密，而藉由監測冬至日影，二千多年來共做了數十次的修正，曆法的部分至此大致定型。

中曆月份名序對照表

以太陰年為準		
夏正月序	殷正月序	周正月序
正月	二月	三月
二月	三月	四月
三月	四月	五月
四月	五月	六月
五月	六月	七月
六月	七月	八月
七月	八月	九月
八月	九月	十月
九月	十月	十一月
十月	十一月	十二月
十一月	十二月	正月
十二月	正月	二月

以太陽年為準

月序	季月名	建月名
一月	孟春	寅
二月	仲春	卯
三月	季春	辰
四月	孟夏	巳
五月	仲夏	午
六月	季夏	未
七月	孟秋	申
八月	仲秋	酉
九月	季秋	戌
十月	孟冬	亥
十一月	仲冬	子
十二月	季冬	丑

農民曆彰顯古人的天文智慧

「春分」時有雨水的滋潤，適合播種；「秋分」時稻子開始成熟，可以預測今年是否為豐收的一年，曆法是否精確對從前的農業社會有著莫大的影響。除了民生上的應用，隨著曆法不斷的修正，從陰曆變為陰陽曆，若非天文知識深厚、運算程度精確，是無法做到讓現代社會都依舊奉行的，因此，我們也不得不對古人對天象的了解、演算之精確能力表示讚歎。

檔案 7

是誰規定選日子要看農民曆？

說到開工、結婚、搬家，你會想到什麼？沒錯，它們的共通點就是——看農民曆選日子！講求效率的現代人無法事事參照農民曆，但是面對人生大事，多數人依舊會將農民曆作為重要的參考。不過，到底是誰規定要看農民曆選日子的呢？

應庶民需要而產生

現在的年輕人已不大會參考農民曆來安排自己的每日行程，但對古代庶民來說，農民曆可說是一種最順應民情的發明。古代人最需要讀農民曆的哪一部分呢？不難想像，就是現代最常被詬病為迷信、怪力亂神的「選擇良辰吉日」（簡稱擇吉）。回到擇吉廣義的起源與意義來看，擇吉是為了判斷「應不應該、可不可以做某件事」，以及「做那件事有沒有好結果」，並且「在什麼時候做那件事最好」，所以擇吉與占卜絕對脫不了關係——也可以說，擇吉是最原始的預測學。

狹義的擇吉就是擇日，也就是閩南語中的「看日子」、「揀日子」、「選日子」，至於「擇日書」的出現，則是為了因應當時的社會需求。各種擇吉術非常艱澀複雜，要學會得要花個三、五年，而在當時，我們的祖先光糊口就非常辛苦了，怎麼可能只為了知道某天適不適合訂婚裁衣、沐浴、修指甲、理頭髮、修理門窗等活動，就去學寫字、學占卜？

因此，漢代時就已存在的《葬曆》、《祭曆》、《沐書》等等仍不夠滿足廣大庶民的需求，民間正期盼著一種可以更簡便的、不求人的占卜方法，而農民曆這一類書的出現，可說是「眾望所歸」。

農 民曆小辭典

關於「擇日」一詞，目前最早發現於《禮記》：「擇日而祭於禰，成婦之義也。」

《葬曆》：專講葬日吉凶。

《祭曆》：專載祭祀吉凶日時。

《沐書》：專述裁衣、沐浴吉日。

擇日的起源很早

中國人挑日子做事的習俗起源很早，正所謂「天時、地利、人和」，這是在天人相應的概念上構築陰陽五行之說，並利用星占判斷吉凶等方法而進行的占卜。《周禮》、《左傳》就記載著掌管與堪輿

（風水學）曆算事有關的官職。戰國中晚期以後，擇日一直流傳於中國民間，尤其漢朝以後的君王都非常重視擇日和堪輿，例如《史記》中就記載了雄才大略、政策上採取獨尊儒術的漢武帝，曾經招聚了各種占卜家問某月某日可否娶妻。

沒想到，五行家說可以，堪輿家卻說不行；建除家說不吉利，叢辰家說大凶，歷家說小凶，天家說小吉，太一家則說大吉……眾說紛紜，大家吵得臉紅脖子粗，每個專家都認為自己才是對的。

後來，漢武帝決定一切宜忌以五行家為主，才有了結論，但也因此導致往後的社會氛圍較利於五行家的發展。到了東漢時，《後漢書》便記載到政府機構中有「掌奏良日及時節禁忌」的日官存在。

古人為了判斷吉凶，可說是煞費苦心。從現代人的眼光來看，雖然不必事事遵從農民曆上的指示，但是不妨將農民曆當成前人的智慧結晶，在做出重大決定前，心中難免有些惶恐不安，此時的農民曆就像是一種意見參考，幫助人們做出抉擇，也為事物祈求有好的開始、圓滿的結果。

春秋當中的「日官」

日官一詞早在孔子編修的《春秋》〈桓公十七年〉中便已出現：「冬，十月朔，日有食之，不書，日官失之也，天子有日官，諸侯有日御……」從其上下文可推敲出日官是天子管轄中的一種掌管天文曆法的官職，並且諸侯也管有類似職位的官，只是名稱不同。

檔案 8

農民曆的祖先——日書

生活中見到的農民曆多為薄薄的一本，記載了許多節氣、吉凶等大小事。當曆書出現後，人們就有為曆書作注解的習慣，也就是「曆注」，早在紙張出現之前，這些曆注就被記錄在竹簡、絲帛上，這樣的習慣仍一直保留在今天的農民曆上。

日書是農民曆的起源

若說「看曆書挑好日子」的遠因種在春秋戰國時期，那麼它的萌芽期便要追溯到漢朝，因為曆書中的各種注記——也就是節氣、物候、日常行事吉凶宜忌等「曆注」——正是發端於漢代，東漢學者王充稱呼此類書籍為「時日之書」（簡稱日書）。

日書是戰國中晚期到東漢晚期常用的實用手冊，近年來考古發現各地出土已有十幾冊各樣版本的日書。因為在東漢蔡倫造紙以前日書都是記錄在竹簡、絲帛上，於是常有「簡帛日書」的連帶稱呼出現。

日書的出土地多在南方楚國與西北地區的墓葬與遺址中，這關係到當地環境是否適合保存簡帛。

另外，因為出土之墓葬主人多為中低下層的庶民、士人與官吏或屯兵，所以，日書反映的是戰國秦漢時期一般社會大眾生活的型態，而由這些不同地點與時間的日書比較來看，它們在書寫形式與表現內容幾乎大同小異——根據自然曆法安排人世間生老病死、食衣住行等各樣活動；我們也由此可見秦朝一統七雄之時，各國民情已漸趨一致。

九簡與睡簡

目前發現最早的記錄，可以上溯至戰國時期湖北江陵九店的楚簡，學者簡稱它為《九簡》。它也是除了《睡虎地秦簡日書》（簡稱《睡簡》）以外最完備的日書，又具有楚地特色，在〈建除〉、〈叢辰〉的部分常與《睡簡》相互參照。更特別的是，戰國時期的楚國，採用的曆法是與秦朝顓頊曆一樣的建亥為正，打破了正史書上只記載夏商周「三正」的單一說法。

至於現在出土內容最豐富、資料發布結果最完整，也因此最常被用來當作比對基礎的，是湖北雲夢睡虎地的秦日書，也就是《睡簡》，它同時兼具秦、楚特色，內容包羅萬象，光甲種就有〈建除〉（秦除、楚除兩種）、〈行〉、〈歸〉、〈農事〉、〈衣〉、〈夢〉、〈病〉、〈帝〉、〈作事〉、〈生子〉等等共六十目。而秦漢時代的官吏不僅以日書作為生活的參考，更是用它來輔佐政事。

日書為農民曆的起源，它的內容可說是包羅萬象，跟現代的農民曆一樣令人眼花瞭亂，它們都反映了當代庶民注重的生活細節與習俗。

檔案 9

農民曆是帝王之學？

由於治理一統的帝國需要天命所授的正統權威，所以「奉正朔」就成為帝王不可或缺的重要條件。倘若曆法錯誤，導致農林漁牧百業營運時機錯亂而產生饑荒，並引起經濟風暴——根據戰國末期確立的陰陽家思想與東漢末年黃巾之亂的歷史教訓——這表示「蒼天已死、黃天將立」，前朝天命已過，該是「換人做做看」的時候了——所以農民曆當然是帝王們的必修學分啦！

私自造曆等於造反

傳說在夏朝末年，位於夏邑東南方的諸侯——商邑，因為遵守當時全諸侯都奉行的夏曆經營本邑，導致所處之地比夏邑溫暖、氣溫有一個月之差的商邑年年歉收。當時商湯的輔佐大臣伊尹大膽建議商湯自行造曆，不料這竟成為夏桀囚禁商湯的兩條罪狀之一。

在中國古代，「曆」是不容侵犯的皇權象徵。曆法一亂，王朝威信也將深受打擊，甚至能危及一朝之存亡。因此，曆法根本來源的天文學成為了帝王之學，而各朝代都由觀測天象的大臣負責造曆，民間決不能私自造曆。

農民曆的正式起源

政府聘請專家按照時間記載行事吉凶宜忌內容所編輯的書，稱為「曆忌之書」（簡稱曆書），曆書中的各種注記叫做「曆注」，包含節氣、物候、日常行事吉凶宜忌等。目前發現最早的曆注，是山東漢墓的竹簡。

雖然曆注會隨著時間發展而變得愈來愈繁複，但是書的基本形式與內容並沒有太大差異。事實上，這些曆注也是古代官方曆書的重要內容——就與民間的日書一樣，古代官方曆書的重大功能之一，便是「擇吉」。

從唐朝開始，因為雕版印刷技術的出現，以及頒曆（或稱頒正朔）被昇華成擁有最高統治權的具體表徵，政府開始印製曆書流傳，曆書上關於行事宜忌的內容開始大量出現，這類擁有曆注的新型態曆書，就稱作「具注曆」。

曆書隨著擇吉術的深入社會而日漸繁雜，到了清代，欽天監每年除了要編纂皇族用的上曆、皇太后曆、東宮親王曆等曆之外，還要編七政曆與民曆；其中的民曆，也就是現今所稱之黃曆，便是農民曆的正式起源。

十九世紀才開放翻刻擇吉黃曆

宋元以後，政府都曾經頒布律令，嚴禁民間私造、盜印或販賣官曆；明朝的曆書封面上也都印著一篇告示：沒有欽天監印信的曆書都會被認為是私曆，被查獲者要處以斬首之極刑，告密者則可獲五十兩賞銀。

因為私印官曆有利可圖，而且偏遠的地區往往不能即時拿到當年的官曆，所以司法嚴禁也不能停止此一現象。直到清乾隆十六年（西元一七五一年），政府才開放民間翻刻擇吉黃曆發展最成熟、形式最完備的《時憲書》；嘉慶二十一年（西元一八一六年）才廢除民間造曆的禁令，這也是為何現代的通書開始有了堂號之別。

知識分子反應兩極

雖然各王朝對於造曆一事都極為慎重，編製完成後會先報請皇帝預覽，再隆重頒布實施，但事實上有的知識分子對這種「帝王之學」莫不關心，甚至會對於其中與曆法一起流傳千年的怪力亂神部分不屑一顧。

以清乾隆時期的紀曉嵐為例，他身為清代第一才子兼《四庫全書》（經史子集）的總纂（總編），飽讀群書，但也不曾讀過清朝的《時憲書》，直到乾隆說要給他出難題，他才找出《時憲書》來惡補。

另一則極端的例子則是發生在乾隆的兒子，嘉慶皇帝曾經特下諭稱：「近日遇閉〔註1〕、破之期，竟全無奏摺，遇成、開之日，數省之摺會齊呈遞，朕檢閱《時憲書》，其日必係良辰，甚屬可笑可鄙……著通諭內外各衙門，嗣後遇有應辦之事務，各迅速辦理，一經辦竣，立即具奏，毋得仍前拘忌選擇良辰。」

上文意思是說，每逢黃曆上「不宜上冊表章」這天，皇帝連一份奏摺都看不到。可見清代各都府在奏事時，也要挑選吉時，因此嘉慶君才特地下諭導正。

中國的曆法之所以發達，也是歸功於歷屆帝王的重視，但因為帝王們將曆法作為一種統治工具，不讓民間私自造曆，因此農民曆的正式起源，迨至清代才出現。

〔註1〕這裡的閉、破、成、開是擇日常用的基本項目，詳細介紹請見135頁〈建除十二神的吉凶禍福〉。

檔案10

農民曆的前身——通書

既然曆法是帝王的專利，那什麼才能由民間自行編纂？答案就是「通書」。通書的作用是為曆書作補充，在民間，各家通書百花齊放，影響力更勝帝王專屬的曆法。

民修通書百家爭鳴

通書作者為當時的術數之士，他們通常將通書定義成「定吉凶、明趨避」的書，之後更宣稱其目的為「發明黃曆之隱微」，或說：「黃曆，經也；通書，傳也。」

這種書首見於元代，到清朝有愈來愈興盛的趨勢，對後世影響很大，甚至也影響到官頒曆書的編纂內容。另外，因為「通書」音同「通輸」，中國人不喜歡「統統輸」，所以也有人稱「通勝」。

根據行政院國家科學委員會〈出土日書資料與現存元明清通書內容比較研究〉指出，近代公藏通書圖書目錄中，元朝以降便有十七套刻本，而且這一個蒐藏目錄數量還遠不如中央研究院院士黃一農教授私人研究的數目，更遑論實質的數量了。

通書另解

「通書」一詞其實有另外一種指稱——中國理學範疇的《通書》。根據替《通書》作注解的南宋哲學家朱熹的說法，《通書》為北宋理學始祖周敦頤《太極圖說》的姊妹作，原名《易通》，之後才更名為《通書》。《太極圖說》闡述天道，《通書》則談論人事。

擇吉術之爭甚至導致曆獄

擇吉術一直是百家爭鳴，同一日內，有人說吉、有人說凶，從漢武帝詢問娶妻吉日的案例（請見41頁）顯現出這個問題延續了千年之久，到了清朝，甚至有政爭利用擇吉術的分歧而產生「曆獄」。

順治帝期間，董鄂氏十分受順治的喜愛，他本想立她所生的「朕第一子」為太子，但準太子卻不幸早夭，於是順治想找個良辰吉日厚葬他，由當時的欽天監——西方傳教士湯若望負責擇日。沒想到，康熙五年，新安衛官生楊光先上書檢舉湯若望，指控他選擇順治帝皇太子的葬期誤用洪範五行，山向年月俱犯忌殺，事犯重大。此事件牽累許多人下獄、喪命，史稱「曆獄」，並引起術數界裡的相互攻訐。

乾隆皇頒布全國公定的通書

類似這樣的案件在清朝接二連三的發生，於是乾隆招集大學士與欽天監，費了很大功夫修改舊有通書中前後矛盾的部分，使其立論較穩健統一，並將無根據的擇日之說刪去。《協紀辨方書》的頒行代表了全國公定的擇日通書。但事實上，民間對於那些雖是無中生有，卻也行之有年的擇日之說已經很習慣、喜歡，所以當政府開放民間自行刻印《時憲書》時，民間又把那些內容加了回去，導致各家通書雖然號稱參考《協紀辨方書》寫成，其中還是會有「大同小異」。也因此，現今學者的研究多半仍以《協紀辨方書》為依歸。

農 民曆與通書讀者有區隔

臺灣很多家庭都有農民曆，通書卻很少見。原來，演化到現代，通書的簡易版是農民曆，而傳統通書的主要讀者反而是神壇、佛寺、命相館、擇日館等從業者。所以說，農民曆是一般人在用，通書是行家必備工具書，至於專業的陰陽家學者，《時憲書》、《欽定協紀辨方書》才是他們的主要參考書。

臺灣通書承襲洪家繼成堂

臺灣人多為中國沿海閩、粵的移民，大家到新而陌生的地方開墾，當然更需要心靈方面的指引，此時民間盛行的通書也跟著移民一起傳到了臺灣。

當時在中國大陸南方沿海最盛行的通書版本，出自於洪家「繼成堂」。嘉慶二年，「繼成堂」始祖洪潮和編刻了「趨避通書」，因做到與官方的「時憲書」節氣時間刻分不差，而受到民眾的信賴與歡迎，再加上洪家幾代以出色的商業手法促銷自家產品，使得「繼成堂」的通書不僅風行沿海，也行銷到海外——臺灣通書的傳承也是來自洪家「繼成堂」。雖然編纂者未必師承洪潮和，但只要一掛上洪潮和的名號，就好像是得到了「品質保證」。

目前市面上賣得最好的通書，都是標榜老字號的；而且，若擇日館有能力編通書，一般人會認為，這家擇日館較有權威、功夫段數較高。

通書也有基督教版？

通書不僅是中國本土的產物，居然也有「舶來品」！

西方傳教士來到中國，為了傳教，也編了基督教版的通書，每年分送教友，聯絡感情。不過基於上帝是不迷信的，此類的通書中自然不包括擇吉。少了行事宜忌，自然會減少大家閱讀參考的興趣，不過他們還是添加了一些西洋的科學新知在其中，希望能吸引讀書人的目光。

檔案 11

臺灣的農民曆是誰編的？

自從民國改採西曆，官方便不再制定黃曆，但民間對於擇日的需求依舊，於是各家紛紛自行排曆，造成現在黃曆沒有定本，各家排算出來的農民曆也略有不同。

電腦代勞編纂農民曆!?

以目前臺灣知名的造曆館和農民曆編著者來看，至少有二十家農民曆製造者，其中十家是有堂號的，其他則是出名的大師或居士。以堂號而言，編寫農民曆是一種家族事業，通常父親會交接給兒子繼承，因此在農民曆上便記載著「某某堂吳某某授男某某編」。

這些農民曆編著者雖然是真的對這些擇日之術有相當的了解，但在現今電腦軟體非常發達的時空背景之下，就跟萬年曆一樣，大部分的農民曆內容都可用電腦去運算排列，諸如：二十四節氣、播種、漁撈、日子的干支、納音五行、建除十二神、二十八星宿、八卦、紫白飛星、當日紀要、行事宜忌、每日沖煞與胎神占方、生肖運勢等等，都可以用電腦算出來。

各說各話一如往昔

現代的農民曆與古代所發生的問題很像，各說各話很嚴重。同樣一天，這個版本是大吉，另一個版本可能是大凶。曾經就發生過農會所刊印的農民曆遭讀者投訴：「怎麼同一天吉凶論斷跟別人不一樣？」然而，這種情形在命理專家眼中看來，其實並不奇怪。

雖然農民曆的計算規則自古流傳，也不可能有人刻意去變造，但不同的命理師難免有不同的見解，加上誰都可以印農民曆，當中難免會有互相抄襲與變造的情事，以訛傳訛的現象也就不足為奇了。因此有專家建議，臺灣的農民曆有關四季節氣很值得參考，至於吉凶論斷，參考就好。這似乎也呼應了兩千多年前太史公司馬遷認為擇吉只是使人「拘而多畏」。不過，農民曆畢竟影響了中國人幾千年以來的行為思考模式，直至二十一世紀的臺灣，大家仍習慣逢人生大事時，要挑個好日子。

唐 太宗大修陰陽書

貞觀十五年初，由於唐太宗認為「陰陽書行之日久，近代以來漸至訛偽，穿鑿既甚，拘忌亦多，遂命有司，總令修撰」，於是任命學識淵博、疾惡如仇的太常博士呂才以及幾位學者針對陰陽書進行勘誤。呂才揭露了陰陽書中諸多的歪理邪說，比方說，陰陽家認為人的壽命、福禍、官位、甚至長相均由生辰八字所決定，抑或一個人的功名利祿都要看祖先的喪葬時地等等。

呂才列舉了大量生動的事例駁斥這類迷信的說法，並且在《陰陽書》原有的四十七篇基礎上添加其他書籍刪改進去的內容，而成五十三篇，因此獲得唐太宗的嘉許與賞賜，詔告天下，作為全國的遵循標準。

參考農民曆就是迷信嗎？

中國人相信擇日，綿延數千年。這當中不僅知識分子、帝王常想「矯枉過正」，現代人也常常批評農民曆當中行事宜忌的部分是「迷信」。但是，當遭逢人生大事，如結婚、搬家、喪葬，除了基督徒之外，真的可以堅持「日日是好日」而不擇日的「鐵齒」者，其實並不多見。

會有這樣的情形，是因為人們面對不可知的未來總是會戒慎恐懼，想要趨吉避凶，這其實是人之常情，而農民曆當中的擇日說，正是因應這種心理下的產物。

此外，中國獨有的陰陽五行、天人相應的學說，正是擇日、擇吉的文化背景。中國人強調要在對的時間內做對的事，以每個人先天的命，找出對自己最有利的時間定位點，因此發展了一套完整的論命開運系統，這當中不只有術數，也有相當的文化、哲學意涵。

若以這樣寬廣的角度來看待農民曆當中的行事宜忌，或許就不會如此負面了！

Part 2

圖解農民曆

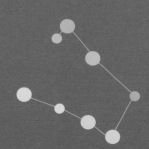

農民曆輕薄短小的開本看似簡單，但要完全弄懂卻不是件易事！因為光是農民曆的基礎理論，就涉及了天干地支與其相關推演、陰陽五行配合干支等等，但只要你讀完第二部，農民曆就再也不是「有字天書」啦！

看懂第一頁，過好一整年

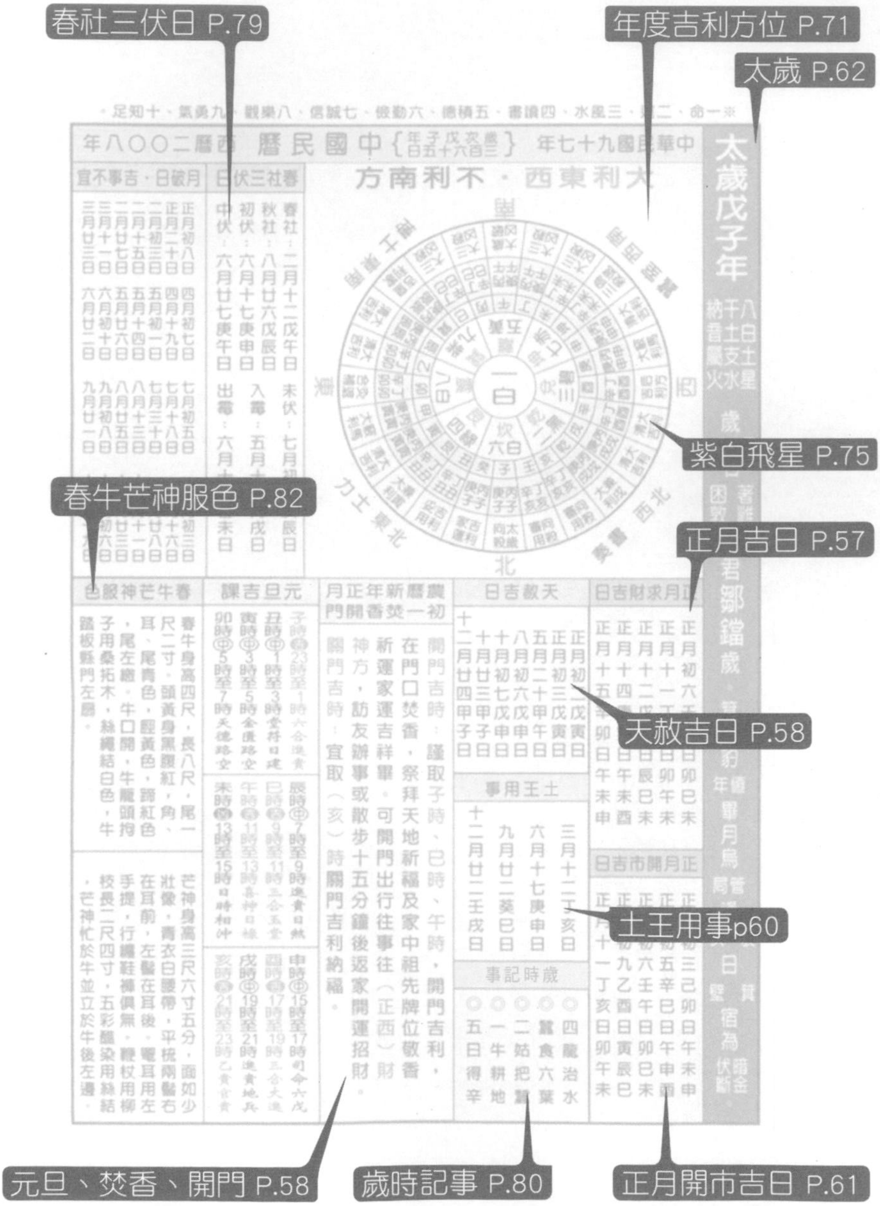

春社三伏日 P.79
年度吉利方位 P.71
太歲 P.62
紫白飛星 P.75
春牛芒神服色 P.82
正月吉日 P.57
天赦吉日 P.58
土王用事p60
元旦、焚香、開門 P.58
歲時記事 P.80
正月開市吉日 P.61

檔案 12

一元復始萬象新，請看農民曆第一頁

中國人愛吉祥話，所以「言吉不言凶、報喜不報憂」，即使一年之中同時會有最好和最壞的日子，但是萬事皆吉的「天赦吉日」、農業社會與土地緊密結合的「土王用事」，以及新春何時適合出行、開門、開工、開市等重大事項，全都放在農民曆第一頁，一翻開就充滿喜氣好預兆。

正月吉日——好的開始是成功的一半

所謂「一元復始，萬象更新」，正月對中國人而言具有非常重要的意義，它是新的一年的開端。無論是店家要開張大吉，還是一般住戶祈求好運，都會在正月的日子挑選好時機來開門迎福，希望在一年裡的第一時間招財進寶、納福求安。

農曆新春出行出國吉日
正月初一戊午日卯巳午
正月初三更申日卯辰巳
正月初七甲子日卯辰巳
正月初十丁卯日辰巳午
正月十四辛未日卯午時
正月十六癸酉日辰巳午
正月十八乙亥日卯辰時
正月十九丙子日卯時吉
正月廿二己卯日卯辰午
正月廿五壬午日辰巳午

過年的習俗中，例如在門上貼紅聯、寫下今年的心願和期望，並且放

鞭炮來開啟熱鬧喜氣的一年，說明了中國人「好的開始是成功的一半」的心理，民眾會非常隆重的來迎接正月裡的吉日，若是公司、廠房、商店要開張，更會挑在這正月裡的吉日取得好彩頭。

要如何博個新春好兆頭？說真的，只要看懂農民曆的第一頁，你就成功一大半了。

元旦	子丑三時旬中空亡截路空亡寅時五不遇時卯時玉堂貪狼勝人登殿晨時貴人登殿辰時貴人登天貪狼聖人登殿巳時祿馬午時天狗武曲聖人登殿未時
焚香	武曲聖人登殿申時福星酉時進貴戌時貴人登天亥時少微取卯初刻焚香取
開門	卯正卯刻開門並往西北喜神方用夜子時關門大吉利。

元旦、焚香、開門——元旦是一年最重要的一天

春節古稱元旦，但是在辛亥革命之後，中國採用了世界流行的陽曆，把現在陽曆的一月一日當做元旦。雖然華人社會會進行陽曆年的跨年活動，但大家仍然非常重視農曆新年。因此傳統意義上的元旦，指的是每年春節的第一天，即大年初一。

元旦焚香、開門的吉時，都會出現在農民曆的第一頁，甚至會列出每個時辰的吉凶之分，並在最後寫出當天開門、焚香、關門的吉祥時辰，供民眾做參考（關於干支紀時與現代時間的對照表，請見32頁）。

天赦吉日

春赦戊寅夏甲午，戊申赦日喜秋逢，三冬甲子甚為吉，百事遇禍反為福。

天赦吉日是什麼？

「天赦」形同人間大赦的概念，不過上天的權力是無形的，更是凌駕於皇帝之上。天赦吉日就是上天開恩、特赦的好日子，在這一天可說是百無禁忌。一般相信，只要在這天能夠真心誠意的自我反省懺悔，就可以度化經年累月的怨恨、過錯，也能夠在這一天超度祖先親人的魂魄等等。

天赦吉日
正月初二戊寅日
正月初三戊寅日
五月二十甲午日
八月初六戊申日
十月初七戊申日
十月廿三甲子日
十二月廿四甲子日

天赦日分別落在四季當中，是由特定的干支組合而成——戊寅、甲午、戊申、甲子。所以，一年當中大約只有四到六個天赦日，為數不多，你可以從每年的通書或農民曆中查知當年的天赦吉日。

現代人也常利用天赦日在家焚香，或是到寺廟祭拜，以祈求身體健康、事業順利、學業進步、家庭美滿等。在這個特殊的日子，萬事百無禁忌，因為民間相信：在這一天裡，所有的凶神惡煞都不會傷害人，可以進行修宅、做墳等大動土木的事宜。

天赦日出生，一生順遂

八字學也可對應到天赦日，只要查考萬年曆書，看一個人八字中的日柱來判斷，就知道此人是不是「天公囝仔」。在春季戊寅日、夏季甲午日、秋季戊申日，以及冬季甲子日出生的人，就是天赦之命。八字學上認定在天赦日出生的人，一生順遂無憂，沒有苦難、凶災、官訟，逍遙自在，災禍不至，能逢凶化吉，是天生的好命人。

土王用事

王者，旺也；土王，土旺之意也。

凡動土相關者皆不宜

土王用事
三月十二丁亥日
六月十七庚甲日
九月廿二癸巳日
十二月廿二壬戌日

中國人認為，一年三百六十五天當中，分別由「木火金水土」五行各值七十三天，其中春木旺、夏火旺、秋金旺、冬水旺，而土（四季土）則是分佈在四季當中的四立之前，故每季有十八又四分之一天，由土當旺指令，這就是「土王用事」。

基本上土王用事的期間是：

立春前十八日土旺至立春，立春後木旺約七十三天。
立夏前十八日土旺至立夏，立夏後火旺約七十三天。
立秋前十八日土旺至立秋，立秋後金旺約七十三天。
立冬前十八日土旺至立冬，立冬後水旺約七十三天。

而在農民曆第一頁列出的「土王用事」，則是這十八天中最不宜動土的一天，《協紀辨方書》有以下的描述：「忌營建宮室、修宮室、繕城郭、築隄防、興造動土、修倉庫、置產室、開渠、穿井、安碓磑、補垣、修飾垣墻、平治道塗、破屋壞垣、栽種、破土。」凡是與土地相關的行為舉動，在這天都是忌諱。

通書則會詳盡寫出：該十八日期間，每天都忌動土造葬，需特別留意其義與另一神煞「土府」有異曲同工的意思，所以無論陰陽二宅，在這天皆要避免破土、動土、修造等事，這樣才能趨吉避凶。

正月開市吉日

開市、迎財神都可參考

工商社會最常會用到的應該是「正月開市吉日」。

經過春節假期的休息，許多公司行號、商家都會找一個良辰吉時開市，此時就可以參考「正月開市吉日」列出的日期與時辰。

正月開市吉日

正月初三己卯日午未申
正月初五辛巳日午申酉
正月初六壬午日卯巳未
正月初九乙酉日寅辰巳
正月十一丁亥日卯午未

「正月開市吉日」不僅用於公司行號開市，個人也可用來喜迎財神，在列出的日期與時辰中焚香拜拜，或誠心默禱，或到家附近的廟宇參拜，都有助於來年財源滾滾而來！

檔案13

太歲到底是誰？

翻開農民曆的第一頁，會載明本年輪值的太歲名字，每到年初，也是民間安太歲的熱絡時期，究竟太歲是何方神聖呢？

太歲的由來傳說

相傳「太歲星君」是殷商時期紂王的兒子——殷郊。他出生時，父親紂王聽信寵妃妲己說這兒子是妖怪的傳言，將他棄置荒野，後來殷郊被金鼎真人救活，並托付賀仙姑扶養，取名金哪吒，乳名殷郊。長大以後，殷郊替被妲己逼迫自殺的母親報仇。因為他的孝節忠義，玉皇大帝封他為「太歲殷元帥」。之後道教陸續將有德之士晉封為太歲，最後到達六十位之多。

太歲之說還有一個由來是，古人發現木星由西向東十二年繞天一周，所以設想出一個假歲星喚做「太歲」，用來紀年，就是所謂的歲星紀年法。這假想的歲星後來被神格化了，成為在中國傳統的擇吉術中相當有地位的「太歲」。流傳已久的太歲禁忌，就是由虛構的歲星所發展出來的一套神煞系統，演化到後來，每年都有一位太歲掌管當年的一切事務，率領眾神、統領時序，搭配天干地支的一次循環，總共產生了六十位太歲。

太歲的演變

太歲又名「歲神」、「歲君」，是當年度最有權力的神，所以又名「年中天子」。中國民間信仰認為，凡是太歲所在的時辰與方位都具有特別的能量，不能隨意冒犯。

太歲戊子年

八白土星
干土支水
納音屬火

歲干名：著雝
歲支名：困敦

歲君 鄒鐺 歲

太歲神中也分善惡，其中善神只有「歲德」、「歲德合」、「歲干合」、「歲枝德」、「奏書」、「博士」六位。在他們執掌的時辰，大致上是吉時，但是力量有大小之分：歲德力量最大，主剛；歲德合主柔；歲干合是吉神；歲枝德主救危濟貧；奏書掌管書記；博士管理檔案，所以奏書與博士可以褒進賢能之士。

其他由惡神掌管的時間、方位，一般都不適合大動土木，而且連嫁娶婚配、遷徙遠行、開市營商等事也都要避開會比較好。在惡神當中：力士主瘟疾、喪門主盜賊死喪、官符主獄訟、畜官主損畜傷財、白虎主服喪之災、病符主災病、豹尾主損人口破財物、大耗主錢財破散等等。

雖說起初太歲各神都有代表的吉祥凶煞，但是隨著時空的演變，現在太歲善神的部分已經逐漸遺失，全都轉成凶神。因此，一般民間習俗認為：每年與太歲相犯的人，需要安太歲來保平安。

太歲十二神煞

太歲又演變出太歲十二神煞：一太歲、二太陽、三喪門、四太陰、五官符、六死符、七歲破、八龍德、九白虎、十福德、十一弔客、十二病符。這十二個神煞每十二年輪一次，掌管有利與不利之事。傳統習俗中認為：如果命格不佳又不幸碰到凶神，最好要安奉太歲或向相對應的神祇祈福，以消災解難。

值年太歲星君一覽表

甲子	金辦	丙子	郭嘉	戊子	鄒鏜
乙丑	陳材	丁丑	汪文	己丑	潘佐
丙寅	耿章	戊寅	曾光	庚寅	鄔桓
丁卯	沈興	己卯	龍仲	辛卯	范寧
戊辰	趙達	庚辰	董德	壬辰	彭泰
己巳	郭燦	辛巳	鄭但	癸巳	徐華
庚午	王清	壬午	陸明	甲午	章詞
辛未	李素	癸未	魏仁	乙未	楊仙
壬申	劉旺	甲申	方杰	丙申	管仲
癸酉	康志	乙酉	蔣崇	丁酉	唐傑
甲戌	施廣	丙戌	白敏	戊戌	姜武
乙亥	任保	丁亥	封濟	己亥	謝燾

庚子	虞起	壬子	丘德
辛丑	楊信	癸丑	朱得
壬寅	賢諤	甲寅	張朝
癸卯	皮時	乙卯	萬清
甲辰	李誠	丙辰	辛亞
乙巳	吳遂	丁巳	楊彥
丙午	文哲	戊午	黎卿
丁未	繆丙	己未	傅黨
戊申	徐浩	庚申	毛梓
己酉	程寶	辛酉	石政
庚戌	倪祕	壬戌	洪充
辛亥	葉堅	癸亥	虞程

〔六十位太歲的名字有不少版本，本書只是簡單整理其中一種。〕

檔案14

如何安太歲？

現在每年的安太歲大多請寺廟代為舉行祭祀，而安太歲的費用逐步成為廟宇重要的收入來源之一，於是到廟宇安太歲成了現今的流行方式，這股風潮至今仍然是每年春節前後各廟宇的重頭戲之一。

安太歲的起源

安太歲儀式的起源，相傳是在金章宗時期（西元一一八九－一二〇八年），因為母親重病，所以章宗在天長觀（今北京白雲觀）祀奉太后的本命太歲，認為這樣可以趨吉避凶，沒想到，皇太后果真不藥而癒。

章宗為了報答神恩，所以下令建廟供奉太歲，從此開啟了北京祭祀本命太歲神的習俗，在清代以後演變成民間普遍的祭祀活動。

犯太歲有幾種？

犯太歲：所謂的「犯太歲」，是指出生年的地支和值年太歲的地支相同，比方說屬虎的人都在寅支年出生，就會在地支年是「寅」的年犯太歲。

沖太歲：「沖太歲」之說，有「正沖」和「偏沖」兩種說法。「正沖」也就是「犯太歲」，「偏沖」則是出生年的地支與值年太歲的地支對沖，簡單來說，當年正沖生肖按順序往後數的第六個生肖，就是該年的偏沖。

本命年：傳統上，當人的歲數等於十二的倍數時，稱為本命年。一般認為每逢本命年人會有關卡要過，因此臺灣仍保有本命年要安太歲的習俗。

如何安太歲？

早期安太歲的做法比較簡單，可以在家裡自行供奉。隨著社會變遷，小家庭漸漸無法供奉太歲星君的神案，加上儀式趨於複雜，因此，現在民間每年的安太歲大多請寺廟代為舉行祭祀。

到廟裡安太歲時要先向廟宇主神稟告自己的詳細資料（姓名、地址、農曆出生年月日時）和祈願內

問神達人王崇禮的
農民曆小補帖

在家的送神和清屯流程

除了有安太歲者在農曆十二月二十四日要謝太歲、送神之外。由於農曆十二月二十四日本來就是送神日，家中有神桌或觀音匾的人，有時也會在這時候拜拜，一般來說，在農曆十二月二十三日晚上十一點十五分過後就可以開始送神了。

- **供品：**鮮花一對、四果、些許送神金紙。
- **送神日小祕訣：**若您今年有什麼願望還未實現，可以在送神時上香稟報，請神明上天庭稟報玉皇大帝，保佑你心想事成喔！舉例來說：「弟子／信女〇〇〇，今年還未遇到適合的姻緣對象，請神明在上天庭時稟報玉皇大帝，保佑弟子／信女在新的一年可以遇到適合的姻緣，弟子／信女所求，還請神明幫忙做主。」稟報完神明之後，就可以燒金紙了，待金紙開化完畢，接著就可以開始「清屯」（清掃神桌）了。
- **清屯：**在送神過後進行，可以用一把乾淨的刷子將神尊上下刷一遍，觀音匾則可以用點「清水＋清潔劑」把這些年來所黏附的香火煙垢擦乾淨；公媽爐也依照辦理。要特別注意的是，清屯時，神明爐和公媽爐千萬不可移動或搬動（神尊動到沒有關係），擦神桌時要特別小心喔！如果家裡有金身，請記得手不要摸到金身的臉。
- **注意：**送神和清屯是一種習俗，若沒有這個習慣也沒關係。假使家裡沒有神桌或觀音匾，那基本上也無需送神。

容，然後向廟方負責單位登記，之後再向主神稟告已登記完成，請求神明未來一年多加護持。此時，廟方就會在紅紙上寫下當事人的資料，安奉太歲星君，同時由寺廟統一定期上香，希望當事者平安無災、運好財豐。等到歲末的十二月二十四日，再備禮「謝太歲」，準備送神，一整年的安太歲儀式就告一個段落了。

臺灣安太歲的習俗非常風行，每年仍然有大批的民眾會到廟裡安太歲，但年輕人已不再時興這套儀式，甚至在網路上動動手指也可以安太歲、點光明燈。看來傳統上要到廟裡安太歲的儀式，也可能會隨時代的改變而有所不同。

點光明燈

光明燈的用意是希望神明能照亮祈求者的前程，使未來一片光明平安。需要的資料有：姓名、地址、農曆出生年月時，然後在每年的農曆年前後完成就可以了。

想要幫自己或者家人求平安符時，到廟宇後必須先向主神稟告自己和家人的詳細資料：姓名、地

……………問神達人王崇禮說故事……………

光明燈名牌掉下來了！

農曆一月八日，城隍廟裡突然有個光明燈名牌掉落下來，我覺得事有蹊蹺，於是跪地向城隍爺擲筊請示：「剛剛掉落的光明燈名牌，是不是有事要指示〇〇〇信女（名牌上的名字）？」

城隍爺立即以三個聖筊回覆。

我趕緊請廟方聯絡信徒找時間過來。原來，城隍爺查到這位女信徒在農曆一月十五日至下旬和同學出去玩時，很可能有被迷姦的危險，所以要特別提醒她不要喝男生請的飲料。

女信徒一聽自然是很害怕，我連忙安撫她說，城隍爺會保護她，只要遵照神明的指示，小心留意可能遇到的危險，就有機會逢凶化吉，大事化小，小事化無。

後來，這位女信徒安然度過了此關。

址、農曆出生年月日時，然後再擲筊得到主神的恩准（聖筊：一正一反）之後，拿著平安符在香爐的香上繞三次之後才有效。平安符有一些基本費，有些是隨個人意願添油香錢，有的會按數量要求收費，通常不會超過一百元。

我 今年犯、沖太歲嗎？查一查就知道

值年太歲地支	子	丑	寅	卯	辰	巳	午	未	申	酉	戌	亥
犯太歲	鼠	牛	虎	兔	龍	蛇	馬	羊	猴	雞	狗	豬
沖太歲	馬	羊	猴	雞	狗	豬	鼠	牛	虎	兔	龍	蛇

〔今年值年太歲地支為何，可查農民曆第1頁。〕

檔案 15

風水輪流怎麼轉？

中國人重視兆頭，因此很講究事前的預測，農民曆首頁開宗明義一年的方位吉凶，可以事先預知今年適宜和不佳的方位、時辰，以利民眾趨吉避凶。

年度重要方位指示

雖然現在不是人人都會看方位來行事，不過若是民眾需要安心，或者是想追求一個吉利的兆頭，開商營業還是可以稍微參考一下農民曆首頁的八角形卦圖。

這幅八角形的卦圖上方會寫：大利某某方不利某某方。這是指今年整體的重要方位指示，「大利某某方」代表今年吉祥福氣的方位；「不利某某方」則是今年需要特別小心注意的方向，這有一定的排序方式，按照：大利東西不利北方、大利南北不利西

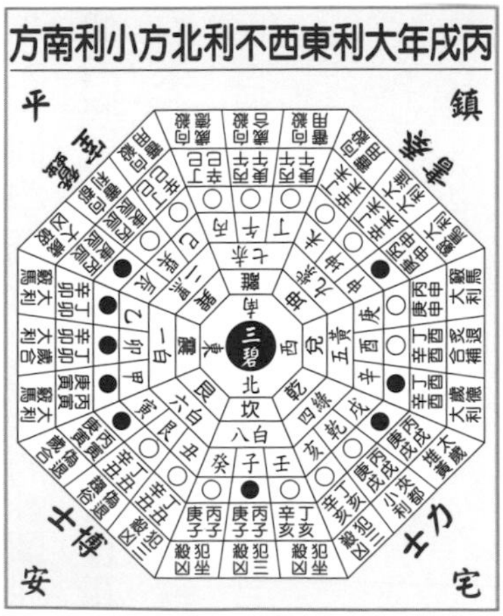

方、大利東西不利南方和大利南北不利東方的順序輪流排列。除了該年大方向的吉凶，八角形的卦圖裡頭排列許多文字，個別有它的作用和代表意義，在圖形的四角各有一個名字，祂們都是歲神，也包含在太歲之中。

鎮守四方的歲神

這四神的排列位置是按照干支紀年中的十二地支變化，有一定的規定：

- **蠶室**：凶神的代表。蠶室本來是古時候的監獄名稱，是專門刑囚及囚犯的住所，所以代表著凶。此神主掌絲蠶綿帛的事情，所在的方位不可以隨意大動土木，如果沖犯此神，可能會導致農作欠佳、蠶絲不收。
- **書奏**：貴神的代表，是水神。此神主掌向天神奏記、上書等事務，是褒揚功德、巡察私弊的神。奏書所在的方位，適合祭祀求福、營造建築等工事。
- **力士**：惡神的代表，代表力大無窮的壯士、武將。此神主管刑罰殺戮，祂所在的方位需小心謹慎，以免招致厄運臨頭、瘟疫降臨。
- **博士**：善神的代表，是火神。此神主掌擬議、案牘，為天子掌理國家綱紀。博士所在的方位，適合興修土木、廣納賢才。

四神排列位置表

地支＼歲神	蠶室	奏書	力士	博士
寅、卯、辰	乾卦西北方	艮卦東北方	巽卦東南方	坤卦西南方
巳、午、未	艮卦東北方	巽卦東南方	坤卦西南方	乾卦西北方
申、酉、戌	巽卦東南方	坤卦西南方	乾卦西北方	艮卦東北方
亥、子、丑	坤卦西南方	乾卦西北方	艮卦東北方	巽卦東南方

充滿玄機的八角圖

一般在農民曆首頁看到的八角圖形，就是簡易的堪輿羅經。羅經俗稱羅盤，是古代堪輿家測定方位與陰陽的儀器，後來被運用在生活上，作為選擇良辰吉時的工具。如果有重大的工程或者深厚的期望，像是開市、入宅、嫁娶、動土、修造等等，就會使用羅經來確定充滿福氣吉祥的好方位。

這八角圖形除了以簡易的羅經為基礎外，還融合了八卦、紫白飛星（俗稱九星，詳見75頁）等。圖的最中心為該年的年飛星，由內而外的第二層是八卦，第三層是九星，第四層就是二十四山。

所謂的二十四山是以地支十二方位——子、丑、寅、卯、辰、巳、午、未、申、酉、戌、亥，加八個天干——甲、乙、丙、丁、庚、辛、壬、癸，加上四維——乾、坤、震、巽組成。再搭配上八卦的概念，一卦分三山，每卦有四十五度，每一山占十五度，是風水擇日必備的基本知識。

因為這個八角圖形的內容複雜，除了大利某方不利某方可以看出該年大方位的吉凶之外，一般人要充分了解，可能還需要請教專門的民俗堪輿老師才可以解釋。

現代羅盤

現下民俗的風水羅盤多分為「三合盤」和「三元盤」兩種。三合盤據傳為唐人楊筠松所創，而三元盤則是明末清初蔣大鴻所作。堪輿家利用羅盤察脈、乘氣、裁穴、觀星等等，來決定福禍和吉凶，因此羅盤在民俗風水中是常見的器具之一。

除了傳統的風水利用之外，現代社會的陸運、航海和航空仍然仰賴方位的確認，因此無論東方的羅盤是否具有文化方面的額外意義，羅盤純粹的方位辨認也是非常重要的。

檔案 16

紫白飛星有幾顆？

紫白飛星是用來判斷當月吉凶方位的方法之一，《洛書》中的紫白星一共有九個，搭配八卦方位，可以用來趨吉避凶。

什麼是紫白飛星？

紫白飛星一共有九個：一白星、二黑星、三碧星、四綠星、五黃星、六白星、七赤星、八白星、九紫星，稱為「九星」。

所謂的「紫白」，是取首星「一白」和末星「九紫」的合稱，九星隨著干支的變化，年、月、日會循著固定的順序運行，就稱為「紫白飛星」或是「三元大運值年」。

所謂「三元」，分成上、中、下三元，「一元」代表六十甲子，全部共一百八十年。

此外，三元又分成九運，每運就是由一個飛星代表，執掌其二十年內的吉凶運勢，由九星按順序反覆循環。

上元大運一白總管前六十年，一元之內又分三元，小運一白、二黑、三碧按序各管二十年。中元大運四綠總管中六十年，一元之內又分三元，小運四綠、五黃、六白按序各管二十年。下元大運七赤總管後六十年，一元之內又分三元，小運七赤、八白、九紫按序各管二十年。

掌管二十年運的飛星稱「運飛星」；一年運的飛星稱「年飛星」；一月運的飛星稱「月飛星」；每一日和時辰都有各自的飛星，稱為「日飛星」和「時飛星」。

不同的飛星在不同時間管理吉凶，通常一般民眾會參考年飛星、月飛星所管的吉凶，而日飛星、時飛星則較少運用到。

九星的名稱與執掌

- **一白星：**斗星是貪狼，為官貴，喜氣星。代表大文昌：主事業、升官、考試、桃花。根據《洛書》為休門，吉方。休門為喜慶之門，此門無往不宜，有吉慶之事。
- **二黑星：**斗星是巨門，為病符，凶煞氣。代表病符星：主疾病、小人、是非、陰煞。根據《洛書》為死門，凶方。死門為刑戮之門，此門宜謹防。
- **三碧星：**斗星是祿存，為盜爭，蚩尤星。代表盜賊星：主鬥爭、孤獨、偏財、桃花。根據《洛書》為傷門，凶方。傷門為六害之門，此門有凶惡爭鬥之事。

四綠星：斗星是文曲，為文昌，科技星。代表桃花星：主桃花、口才、文昌、事業。根據《洛書》為杜門，凶方。杜門為閉塞之門，此門主耗損追尋之事。

五黃星：斗星是廉貞，為關煞，凶煞星。代表五鬼星：主戰爭、病毒、強盜、投機。根據《洛書》為中宮，凶方。

六白星：斗星是武曲，為壽元，吉祥星。代表正財星：主財富、五金、正財、君子。根據《洛書》為開門，吉方。開門為顯揚之門，此門主封賜吉慶等事。

七赤星：斗星是破軍，為爭鬥，偷盜星。代表是非星：主口角、淫亂、破損、強盜。根據《洛書》為驚門，凶方。驚門為奸謀之門，此門主驚逃凶逆之事。

八白星：斗星是左輔，為財帛，瑞氣星。代表財福星：主財富、正財、宰相、貴人。根據《洛書》為生門，吉方。生門為通泰之門，此門主進獻吉慶等事。

九紫星：斗星是右弼，為紫微，慶福星。代表喜慶星：主喜事、因緣、火災、血光。根據《洛書》為景門，吉方。景門為進奏之門，此門主上書論訟等事。

紫白飛星不僅用於擇日，在風水上也常利用它的概念來定「文昌位」或「財位」，一般人也許不容易自己判斷吉凶，因此若有需要嚴格挑日子或看風水的人，可以請專家查考紫白飛星的飛臨情況。

17 檔案

農民曆可以預測未來？

除了選擇好日子之外，氣候、雨水、農事都是早期農業社會非常重要的一環，在農民曆的首頁也能看到預測的詩文，像是「黃帝地母經」、「地母日」、「流郎歌」等，用來預言該年一整年的農事、氣候等，但是天時的機密真的可以有效的提前公布嗎？

黃帝地母經、地母日和流郎歌預測準嗎？

「黃帝地母經」簡稱「地母經」，它和流郎歌一樣，用詩詞形式來預言當年的農作收成情形，但地母經是按照干支的順序排列循環，因此六十干支就有六十種預測短詩。時至今日，由於詩句中的地域都是指古代的大陸地區，並不符合臺灣的區域特色，已產生地區上的侷限。再加上地母經排序的方式和內容是固定的，沒有納入後世氣候的複雜性和變動性，歷經長時間的洗禮，這些古詩其實已經不敷使用。時、空的限制讓這些詩文在農民曆中的地位逐漸邊緣化，很少人會真的參考這部分了。

不過站在文化的保存立場上，這些詩句可以幫助我們推測早期的氣候變化，進而了解當地的作物飲食、民俗風情等，還有當時的文經發展和生活百態，仍然有寶貴的參考價值。

黃帝地母經

太歲丙戌年
夏秋井乾泉
春冬水多勻
農耕莫問天
早禾應早下

益在桑麻田
若問何實多
桑葉恐多愁
耕耘盡心力
蠶老變成錢

流郎歌

歲逢丙戌雨水稠。春夏秋冬慶豐猷
高處豆麥迎風至。平野禾麥積翠流
春季潦潦多愁思。夏秋焦渴暮昏愁
種植宜早應用心。畜旺人安莫憂憂

地母日

歲運逢丙戌
上下無失慮
麥豆土中長
處處皆得宜
六畜恐瘟疫
人民少恐慌

春社三伏日

春社二月廿一戊申日
秋社八月初五戊申日
初伏六月廿五庚戌日
中伏七月初六庚申日
末伏七月十六庚午日
入霉五月廿一丙寅日
出霉六月廿二丁未日

記事

十一龍治水。蠶食三葉，三
姑把蠶。八牛耕地。四日得
辛◎宣德堂造曆地理命理館

什麼是春社三伏、入霉出霉？

社日：我國古代祭祀土地神的節日，春社是立春算起第五個戊日，秋社是立秋算起第五個戊日。傳統上春社祈穀生、秋社報穀熟，會分別在這兩日舉行祭祀大典，但現在大都不會特別祭拜了。

三伏：夏至起第三個庚日為初伏（頭伏），第四個庚日為中伏（二伏），第六個庚日（另有一說是立秋起第一個庚日）為末伏（三伏）。三伏天是天氣最炎熱的日子，兩個庚日之間相差十天，但初伏與夏至之間的天數則不一定，最少要二十一天，最多是三十天。而末伏的末一天與夏至相距最少五十一天，而夏至到立秋固定相隔四十五天，所以說「秋後有一伏」。

入霉出霉：三月迎梅雨，五月送梅雨，芒種後逢丙日是「入霉」，小暑逢未日天晴是「出霉」，如果是陰天則是「反霉」。

歲時記事怎麼看？

「歲時記事」是古代農民的耕作時間表，被農民遵行如儀。歲時記事欄裡的求龍治水、求蠶食葉、求姑把蠶、求牛耕地、求得辛法等基本項目，因為有地支和生肖搭配為基礎，所以可讓人民的記憶更深刻，只要了解其中的規則，就可以讓百姓比較清楚的得知今年的干支了，並且有利於耕種，而且這些代表的項目也都各含意義：

求龍治水：預測雨水的多寡

龍代表的地支是「辰」，因此這個項目可以看出元旦（農曆一月一日）後第幾日是「辰」支。例如「一龍治水」就是正月初一日為「辰日」。據說龍的數目有預測雨量的功能，有趣的是：龍愈少雨水愈多，龍愈多則雨水愈少。

求蠶食葉：預測蠶繭大小

蠶食的葉子，是從樹木生長出來的，因此這個項目是以元旦後的第幾日看到納音表是「木」，就成了蠶食的葉子數目。

例如正月十二日的納音屬木，則這欄就會寫成「蠶食十二葉」。傳聞蠶吃的葉子少，蠶瘦就繭小；蠶吃的葉子多，蠶肥就繭大。

求姑把蠶：預測蠶繭收成

幾姑把蠶這個計算方式是固定的，凡是「寅、申、巳、亥」年，都是「一姑把蠶」；「子、午、卯、酉」年，則是「二姑把蠶」；「辰、戌、丑、未」年，就是「三姑把蠶」，姑的數目愈多，代表蠶業的收成愈好。

求牛耕地：預測五穀收成

牛的代表地支是「丑」，因此這個項目可以看出元旦後第幾日是「丑」支。例如「二牛耕地」就是正月初二日。這是有關於耕作的事情，因此牛多則五穀豐收；牛少則五穀歉收。

求得辛法：預測收成時間的早晚

幾日得辛是依據元旦後第幾日為「辛」干。譬如正月初六為「辛」干，便會得到「六日得辛」。愈多日得辛，表示這一年的收成較晚；愈少日得辛，收成就會提前。根據傳統，得辛日需要祭拜神明，祈求來年能有好收成。

「歲時記事」中，目前較實用的是「春社三伏日」，可以預測該年最熱的時段，也可藉此測試老祖先的智慧是否準確。其他的部分隨著時間、空間的改變，許多預測已經失去實際的生活作用，而成為一種文化的記錄，讓我們可以一窺當年老祖宗的生活樣貌。

檔案 18

春牛芒神服色怎麼看？

早期農民曆可以看到一幅芒神春牛圖，上面有個小孩或大人和一頭牛，是用來預測當年的雨量和農作收成的預測圖，但近來已被「春牛芒神服色」取代。

芒神是誰？

古時候認為五行各有其神，金神「蓐收」、木神「句芒」、水神「玄冥」、火神「祝融」、土神「句龍」。這些神的名字原本都是古代的官名或傳說中的神祇，後來因各有特殊貢獻因而升格為神明。因為木神主要掌管萬物生長、農作百事，因此以句芒神——簡稱芒神，為春牛圖的代表神祇。

春牛芒神服色
春牛身高四尺，長八尺，尾一尺二寸，頭黃身黑腹紅，角、耳、尾青色，脛黃色，蹄紅色，尾左繳。牛口開，牛籠頭拘子用桑柘木，絲繩結白色，牛踏板縣門左扇。
芒神身高三尺六寸五分，面如少壯像，青衣白腰帶，平梳兩髻右在耳前，左髻在耳後。罨耳用左手提，行纏鞋褲俱無。鞭杖用柳枝長二尺四寸，五彩醮染用絲結，芒神忙於牛並立於牛後左邊。

芒神的裝扮富玄機

春牛圖中的芒神身高為三尺六寸五分，象徵三百六十五日。他手上持的鞭杖是柳枝條，長二尺四寸，象徵的是二十四節氣，這是固定的。

不過，芒神的年紀、裝扮就會因為干支而變化：

寅申、巳亥年是老年人；子午、卯酉年是中年人；辰戌、丑未年是小孩童。

芒神全身上下的裝扮、配件、站立的位置都是具有意義的，分述如下：

芒神衣服、衣帶——依「立春日支」變色

芒神衣服、衣帶	
亥子日	黃衣青腰帶
寅卯日	白衣紅腰帶
巳午日	黑衣黃腰帶
辰戌、丑未日	青衣白腰帶
申酉日	紅衣黑腰帶

芒神罨耳——看「立春時辰」替換

芒神罨耳	
子、丑時	全戴
寅時	揭起左邊
亥時	揭起右邊
辰、午、申、戌時	用左手提
卯、巳、未、酉時	用右手提

芒神髮髻——依「立春日納音」替換

芒神髮髻	
納音金	兩髻在耳前
納音木	兩髻在耳後
納音水	左髻在耳前，右髻在耳後
納音火	右髻在耳前，左髻在耳後
納音土	兩髻在頭頂上

芒神鞭杖鞭結——依「立春日支」變動，雖材質不同，但都會染上五色

鞭杖鞭結	
子午、卯酉日	苧結
寅申、巳亥日	麻結
辰戌、丑未日	絲結

芒神行纏鞋褲——憑「立春日納音」更動

芒神行纏鞋褲	
納音金	行纏鞋褲俱全，行纏懸於左腰
納音木	行纏鞋褲俱全，行纏懸於右腰
納音水	行纏鞋褲俱全
納音火	行纏鞋褲俱無
納音土	著褲，無行纏鞋子

芒神位於春牛的前後位置——依立春距離「正月元旦」的遠近來設定

芒神位置（在牛左為陽年，牛右為陰年）	
芒神與牛並立	立春距「正月元旦」前後五日內
芒神立於牛前	立春距「正月元旦」前五日以後
芒神立於牛後	立春距「正月元旦」後五日以後

陰年與陽年怎麼分？

天干之中，甲、丙、戊、庚、壬為陽干；乙、丁、己、辛、癸則為陰干。

陽干年為陽年，陰干年為陰年，陽年出生者為陽男或陽女，陰年出生者為陰男陰女，一般認為判斷陰陽年有助於算命卜卦。

芒神腳上鞋襪——對該年的雨量預測

芒神腳上鞋襪	
芒神腳上穿著鞋襪	當年雨水少，可能還會有乾旱
芒神一隻腳赤腳，一隻腳穿草鞋	今年的雨量適中，也許會有豐收
芒神赤腳站立	代表雨水會變多，穿鞋襪不方便
芒神赤腳褲管又束高	象徵今年會發生嚴重的水災

春牛的意義

春牛就是土牛——土製成的牛。

古時候有一套禮法叫「鞭春牛」，首先得要在立春前製好土牛，接著在立春的祭典上，天子會在百官庶民前用綵杖鞭策土牛，象徵春耕的開始，不但突顯農事的重要性、祈求上天的祝福，還有勉勵大家要勤奮農耕的意思。

這項習俗演變至今，臺灣民間在每年立春之時會有「摸春牛」的儀式，為的是要吉祥、招福。

摸春牛求好運：這套俗語來自臺灣中南部地區，請用臺語發音才道地唷

摸春牛頭，子孫會出頭；摸春牛嘴，子孫大富貴；
摸春牛角，子孫地位穩答答；摸春牛身，多多的子孫；
摸春牛肚，添丁大發財；摸春牛腳，家貨吃未乾；
摸春牛尾，剩傢伙；摸春牛耳，吃百二；
摸春牛，年年有；摸牛卵，傢伙存億萬。

春牛身高四尺，象徵四時，牛頭至牛身尾處長八尺，以象徵八節，尾巴長一尺二寸，象徵十二個月，這種規則是每年都相同的。至於其他部分，則都會因為當年的干支與立春當日的日干支不同而有所變化。

牛頭依「年干」變色；牛身看「年支」變色；牛腹憑「年納音」變色；牛角、耳、尾看「立春日干」變色；牛膝脛看「立春日支」變色；牛蹄憑「立春日納音」變色；牛繩看「立春日干支」更換。

牛尾：判定年陰陽。左繳陽年；右繳陰年。

牛口：判定年陰陽。開口陽年；閉口陰年。

牛踏板懸門扇：判定年陰陽。懸門左扇陽年；懸門右扇陰年。

春牛圖意義豐富，但是現代人其實很難憑圖就知道其中的涵義。因為春牛圖不但具有計時的意義，也包含陰陽年、該年日的干支、納音五行，還有預測農事、天氣的功能，和歲時記事很像，不過記錄得更為詳細。

春牛部位對照意義

牛頭		牛腹		牛角、耳、尾		牛脛	
甲、乙年	青色	納音木	青色	甲、乙日	青色	寅、卯日	青色
丙、丁年	紅色	納音火	紅色	丙、丁日	紅色	巳、午日	紅色
戊、己年	黃色	納音土	黃色	戊、己日	黃色	辰、戌、丑、未日	黃色
庚、辛年	白色	納音金	白色	庚、辛日	白色	申、酉日	白色
壬、癸年	黑色	納音水	黑色	壬、癸日	黑色	亥、子日	黑色

牛身		牛蹄		牛繩			
寅、卯年	青色	納音木	青色	戊、己日	青色	子、午、卯、酉日	苧繩
巳、午年	紅色	納音火	紅色	庚、辛日	紅色	寅、申、巳、亥日	麻繩
辰、戌、丑、未年	黃色	納音土	黃色	壬、癸日	黃色	辰、戌、丑、未日	絲繩
申、酉年	白色	納音金	白色	甲、乙日	白色		
亥、子年	黑色	納音水	黑色	丙、丁日	黑色		

大暑：斗指丙為大暑，斯時天氣甚熱於小暑，故名大暑。

日期	16	17	18	19	20	21	22
星期	三	四	五	六	日	一	二
註記	天貴福 玉堂	歲德 ●勿修灶 王靈天君聖誕 無極老母聖壽	○望15時42分 ◎出霉 ●勿拆灶	◎初伏 ●勿拆灶 ※土王用事申時	三元旺[illegible]申時 南鯤鯓[illegible]千秋	◎烏兔[illegible]時 觀音菩[illegible]紀念	酉時交[illegible]中 歲德合[illegible]日
農曆	農曆六月小 十四	十五	十六	十七	十八	十九	二十
干支	丁巳	戊午	己未	庚申	辛酉	壬戌	癸亥
五行	土	火	火	木	木	水	水
建除	開	閉	建	除	滿	平	定
九星	一白	九紫	八白	七赤	六白	五黃	四綠
星宿	軫	角	亢	氐	房	心	尾
卦	四三 噬嗑	四四 震	中五	四六 益	四七 屯	四八 頤	四九 復
宜	[illegible]祀 開光 會親友 開池井 開市 牧養 納畜 ●忌上任入宅	[illegible]事不宜 ●受死凶日宜事不取	[illegible]祀 ●真滅沒凶 無註弗妥	[illegible]祀 祈福 求嗣 會友 伐木 拆卸 裝潢 上樑 入宅 安香 開市 立券 入殮 除服 啟攢 謝土 ●忌開光嫁娶安葬	開光 出行 裁衣 嫁娶 進人 安床 立券 交易 捕捉 結網 造畜稠棧 成除服 啟攢 火化 進塔 安葬 ●忌動土入宅	祭祀 冠笄 嫁娶 捕捉 畋獵 入殮 ●四季逢平凶多吉少無註弗安	沐浴 掃舍宇 ●日值正四廢會重日凡事少取
沖煞	沖豬38 歲煞東	沖鼠37 歲煞北	沖牛36 歲煞西	沖虎35 歲煞南	沖兔34 歲煞東	沖龍33 歲煞北	沖蛇32 歲煞西
胎神	倉庫床 外正東	床房碓 外正東	占門側 外正東	碓磨爐 外東南	廚灶門 外東南	倉庫栖 外東南	佔床房 外東南
吉時	子卯巳 午未	卯巳午	子卯巳 午	子卯辰 巳午未	子辰巳 午未申	卯巳午 申	卯辰午 未

大暑

日出：上午五時十七分
台灣西時十八十五五分
日沒：下午六時四四分

種植

北部：花椰菜、土白菜、高腳菜、甘藍
中部：抱子甘藍、芥藍菜、冬瓜、甘薯
南部：冬瓜、菜豆、黃秋葵、玉黍蜀、茼蒿、土白菜

撈漁

東港：龍蝦、虱目魚苗、鯢魚
安平：烏鯢、虱目魚苗、鯢魚
澎湖：龍蝦、鰻魚、龍尖、煙仔魚、虱目魚苗
高雄：飛魚、虱目魚苗、鯢魚

日期	23	24	25	26	27	28	29	30	31
星期	三	四	五	六	日	一	二	三	四
註記	天月德 天恩	◎烏兔太陽巳時	玄女經曰作宅大吉 曲星 天恩貴	◑下弦2時42分 南極大帝聖誕 關聖帝君聖誕	歲德 天恩 人倉	傳星 天月德合 二郎元帥聖誕	探病凶日 ◎末伏 ●勿修灶	時五福午時入坤宮 ◎烏兔太陽辰時	益後 吉期 幽微
農曆	廿一	廿二	廿三	廿四	廿五	廿六	廿七	廿八	廿九
干支	甲子	乙丑	丙寅	丁卯	戊辰	己巳	庚午	辛未	壬申
五行	金	金	火	火	木	木	土	土	金
建除	執	破	危	成	收	開	閉	建	除
九星	九紫	八白	七赤	六白	五黃	四綠	三碧	二黑	一白
星宿	箕	斗	牛	女	虛	危	室	壁	奎
卦	六一 姤	六二 大過	六三 鼎	六四 恆	中五禽	六六 巽	六七 井	六八 蠱	六九 升
宜	祭祀 祈福 上任 解除 訂婚 裁衣 會友 拆卸 裝潢 上樑 牧養 納畜 入殮 啟攢 火化 安葬 謝土 ●忌開市成除服	諸事不取 ●月破凶日會正紅紗凡事俱不取	訂婚 裁衣 會友 安機 雕刻 拆卸 裝潢 上樑 蓋屋 立券 納財 除服 啟攢 火化 進塔 安葬 ●刀砧日 ●忌上任入宅	祭祀 開光 祈福 訂婚 裁衣 嫁娶 會友 拆卸 裝潢 上樑 安床 入宅 安香 開市 立券 除服 啟攢 安火葬 ●刀砧日	祭祀 作灶 納財 入殮 ●忌嫁娶安床入宅開市	祭祀 開光 祈福 上任 剃頭 裁衣 冠笄 嫁娶 會友 進人 伐木 拆卸 裝潢 上樑 安灶 立券 交易 ●忌入殮安葬	入殮 除服 啟攢 火化 進塔 安葬 ●受死日忌吉喜事惟喪事不忌	祭祀 祈福 求嗣 解除 訂婚 裁衣 會友 雕刻 豎柱 上樑 安床 開市 納財 教牛馬 ●忌上任嫁娶入宅納畜	祭祀 開光 祈福 求嗣 齋醮 解除 嫁娶 開市 立券 入殮 除服 啟攢 火化 進塔 安葬 謝土 ●忌上樑入宅安床
沖煞	沖馬31 歲煞南	沖羊30 歲煞東	沖猴29 歲煞北	沖雞28 歲煞西	沖狗27 歲煞南	沖豬26 歲煞東	沖鼠25 歲煞北	沖牛24 歲煞西	沖虎23 歲煞南
胎神	占門碓 外東南	碓磨側 外東南	廚灶爐 外正南	倉庫門 外正南	房正栖 外正南	占門床 外正南	占碓磨 外正南	廚灶廁 外西南	倉庫爐 外西南
吉時	子卯辰 巳未申	子卯巳	卯巳午 未酉	子卯辰 巳午未	子辰巳 未申	子卯午 未申酉	卯巳午 未申	卯巳午 申	子卯辰 巳未酉

戊午日時局

時			
子時	日破	大凶	路空
丑時	寶光	貴人	路空
寅時	三合	生旺	白虎
卯時	玉堂	天官	少微
辰時	喜神	武曲	天兵
巳時	日祿	天赦	元武
午時	司命	帝旺	六戊
未時	錄貴	交馳	勾陳
申時	青龍	福星	地兵
酉時	明堂	貪狼	進貴
戌時	三合	財局	路空
亥時	少微	朱雀	路空

戊申日時局

時			
子時	大進	青龍	路空
丑時	明堂	貴人	路空
寅時	日沖	大凶	天刑
卯時	天官	進貴	朱雀
辰時	喜神	金匱	天兵
巳時	六合	日祿	寶光
午時	帝旺	白虎	六戊
未時	羅紋	交貴	玉堂
申時	福星	進祿	地兵
酉時	功曹	元武	五鬼
戌時	司命	鳳輦	路空
亥時	少微	勾陳	路空

戊戌日時局

時			
子時	大進	天牢	路空
丑時	貴人	元武	路空
寅時	三合	司命	不遇
卯時	天官	六合	勾陳
辰時	日破	大凶	旬空
巳時	明堂	日祿	天赦
午時	三合	帝旺	六戊
未時	貴人	右弼	朱雀
申時	金匱	福星	地兵
酉時	天德	寶光	天賊
戌時	武曲	白虎	路空
亥時	玉堂	少微	路空

節氣 P.94

28星宿&每月方位宜忌 P.109

檔案19

十二月份還有哪些別名？

現在大家習慣使用阿拉伯數字排序月名，其實中國傳統除了用地支來紀月，也有其他美麗的別名，以每月的代表性花朵、收成作物、氣候特徵為名，別有詩意。

一月：正月、柳月、端月、初月、嘉月、新月、開歲、陬月。

柳月：正月的時候柳枝開始發綠，稱柳月。農民曆稱「端月」。

「千門開鎖萬燈明，正月中旬動地京。三百內人連袖舞，一進天上著詞聲。」

——唐・張祜〈正月十五夜燈〉

二月：杏月、仲春、仲陽、如月、麗月、花月、仲月、酣月。

杏月：大地吐綠、萬物迎春，杏花含苞欲放，稱杏月。農民曆稱「花月」。

「試登秦嶺望秦川，遙憶青門春可憐。仲月送君從此去，瓜時須及邵平田。」

——唐・孟浩然〈送新安張少府歸秦中（一題作越中送人歸秦中）〉

三月：桃月、暮春、蠶月、上春、春日、綢月、季月、鶯月、末春。

桃月：到了三月，桃花怒放，稱桃月。農民曆稱「桐月」。

「歷盡危機歇盡狂，殘年唯有付耕桑。麥秋天氣朝朝變，蠶月人家處處忙。」

——宋・陸游〈小園〉

四月：槐月、孟夏、首夏、初夏、麥月、純月。

槐月：四月是槐花盛開的季節，又稱槐月。農民曆稱「梅月」。

「孟夏草木長，繞屋樹扶疏。群鳥欣有托，吾亦愛吾廬。」

——晉・陶淵明〈讀山海經〉

五月：蒲月、仲夏、超夏、榴月、鬱月、鳴蜩、天中、仲夏、皐月。

蒲月：五月初五端午節，許多人家懸掛菖蒲、艾葉於門上避邪，因此又稱蒲月。農民曆上同此名。

「五月榴花照眼明，枝間時見子初成。可憐此處無車馬，顛倒蒼苔落絳英。」

——唐・韓愈〈題榴花〉

六月：荷月、季月、伏月、焦月、署月、精陽、溽暑、季暑、且月。

荷月：夏日炎炎，只有荷花開得精神抖擻，稱荷月。農民曆稱「荔月」。

「畢竟西湖六月中，風光不與四時同。接天蓮葉無窮碧，映日荷花別樣紅。」

——宋・楊萬里〈曉出淨慈寺送林子方〉

七月：蘭月、巧月、瓜月、蘭秋、新秋、首秋、相月、孟秋、初秋。

蘭月：因為許多品種的蘭花都在七月吐芳，馨香無比，所以稱作蘭月。農民曆裡則稱「瓜月」。

「悽悽乘蘭秋，言餞千里舟。塗屆雲陽邑，邑宰有昔遊，行人雖念路，為爾暫淹留。」

——南朝宋・謝惠連〈與孔曲阿別詩〉

八月：桂月、壯月、仲秋、中秋、仲商、桂秋、正秋、商呂、竹春。

桂月：八月是桂花開的時節，又稱桂月。農民曆上同此名。

「十輪霜影轉庭梧，此夕羈人獨向隅。未必素娥無悵恨，玉蟾清冷桂花孤。」

——北宋・晏殊〈中秋月〉

九月：深秋、暮秋、窮秋、涼秋、霜商、商序、菊月、季秋、晚秋。

菊月：九月菊花盛開，又稱菊月。農民曆上同此名。

「九月九日望遙空，秋水秋天生夕風。寒雁一向南飛遠，遊人幾度菊花叢。」

——唐・邵大震〈九月登玄武山旅眺〉

一 季當中的順序

中國人將一年分為「春」、「夏」、「秋」、「冬」四個季節，每個季節有三個月。這三個月依古代的順序排列，順序為「孟」、「仲」、「季」。搭配上季節和順序，以春季來說，一月是「孟春」、二月是「仲春」、三月便是「季春」。

十月：陽月、陰月、小陽春、孟冬、初冬、上冬、良月、露月、開冬。

陽月：十月的芙蓉花開得像冬天的太陽一般燦爛、美麗，所以又稱作陽月。農民曆上同此名。

「孟冬十月，北風徘徊，天氣肅清，繁霜霏霏。」

——節錄魏・曹操〈步出夏門行〉

十一月：辜月、冬月、仲冬、中冬、暢月、葭月、龍潛月。

冬月：蘆葦草吐綠頭，又稱葭月。農民曆上同此名。

「冬月溫衾暖，炎天扇枕涼。兒童知子職，千古一黃香。」

——〈二十四孝〉

十二月：臘月、季冬、嚴冬、殘冬、冰月、嚴月、末冬。

臘月：古代在農曆十二月合祭眾神叫做臘，因此叫臘月。農民曆上同此名。

「共尋招隱寺，初識戴顒家。還依舊泉壑，應改昔雲霞。綠竹寒天筍，紅蕉臘月花。金繩倘留客，為繫日光斜。」

——唐・駱賓王〈陪潤州薛司空丹徒桂明府遊招隱寺〉

日本的季名與月名

深受中國文化影響的日本，也有著美麗的季名與月份名，這些名稱還保留在現在日本人每日可見的月曆上，可見他們對於傳統文化的珍惜！

春	春陽、青帝、陽中、蒼天、發生、東皇、東君、天端	正月	睦月
		二月	如月
		三月	彌生
夏	朱明、昊天、槐序、炎序、炎節、祝融、蕃秀、長嬴	四月	卯月
		五月	皋月
		六月	水無月
秋	白藏、收成、金商、素商、高商、精陽、蓐收、旻天	七月	文月
		八月	葉月
		九月	長月
冬	元英、上天、安寧、嚴節、元冬、元序、玄冥、閉藏	十月	神無月
		十一月	霜月
		十二月	師走

＊神無月的意思是「神仙離開的月」，因為在日本的傳說裡，神仙會在十月聚集到出雲開會，所以，只有在出雲的十月稱作「神有月」，意指「神仙回來的月份」，其他地區統統是用神無月。

檔案 20

什麼是二十四節氣？

中國歷代王朝的主要發展領域，大多在黃河流域附近。因此傳統節氣的名稱也是以該地區的氣候變遷和各種農事為基礎，產生了現存二十四節氣的固定法則。

春雨驚春清穀天，夏滿忙夏暑相連。秋處露秋寒霜降，冬雪雪冬小大寒。

——節氣序歌

節氣的由來

傳聞二十四節氣是由神農氏所創，而有「炎帝分八節」的說法（炎帝就是神農氏）。神農氏將一年均分為四立、二分、二至這八天，在漢朝以前，這八天是最早的節慶日，也是最重要的祭祀日。

古人藉祭祀來祈求風調雨順、國泰民安，詳述如下：

- **四立**：為四季之首，指立春、立夏、立秋和立冬這四天，為每一季的第一天。
- **二分**：這兩天的白天和晚上時間是一樣長，分指春分和秋分。
- **二至**：白天最長的為夏至，晚上最長的為冬至。

從八節再擴充演化，到了兩漢時期，二十四節氣已經全部底定。《淮南子・時則訓》中的二十四節氣與今完全相同，歷經兩千多年一直流傳至今，到現在與民眾的生活仍密不可分，各種生活層面的延伸和運用非常廣。

何謂節氣？

每個月都有兩個節氣，從立春起首，排奇數的節氣稱為「節氣」，簡稱「節」；排偶數的節氣稱為「中氣」，簡稱「氣」，因此合而為一稱為「節氣」。

二十四節氣的制定對人民生活有非常重要的影響，讓各行各業的百姓可以按照氣候的變化、季節的輪替來產生最有效率的安排，節氣劃分的起訖日期，其實就是現在很流行的太陽星座，只是一般人不懂天文因而不明白，即所謂「百姓日用而不知」。

不過，因為傳統節氣的解讀方法是以中原地區（黃河流域）的氣候和農事為基礎，而臺灣的經緯度和中原地區的經緯度有些許差異，所以在臺灣參考農民曆中的二十四節氣時，應該要考量臺灣本島的實際情況。亦即在不同的地區，經緯度不同，冷、暖、濕、燥等等的物候必然有異，所以節氣的劃分雖然全世界都一樣，但在每一區域應該有一區域的解讀方法。

比方說，節氣中的「小雪」、「大雪」，處於亞熱帶區的臺灣，除了高山之外，其他地方不會下雪，但仍可以知道哪個節氣前後應該會最寒冷，所以依然有參考的價值。

春

立春：春季開始。

「立」是開始的意思，「春」是蠢動，表示萬物開始有生氣。這一天代表春天的開始，承接上個冬季的結束，開啟新一輪的四季更替，因此自古非常重視這一天。

老智慧諺語：

〇「春霧曝死鬼，夏霧做大水」：在春天的時候若有霧出現，就會有艷陽高照的好天氣；夏天若有霧，就會降下豪雨造成水災。

〇「吃了立春飯，一天暖一天」：過了立春以後，天氣就會一天比一天暖和了！

雨水：春雨綿綿。

這個時候會吹起溫暖的徐徐東風，導致冰雪漸漸的開始溶化，進而使得空氣變得濕潤，並且開始下起雨來。

雨水變多有助於滋潤大地，而土壤在經過冬天的休養之後，可以讓農作物順利栽種發育。

老智慧諺語：

〇「雨水連綿是豐年，農夫不用力耕田」：「雨水」這一天若下雨，代表今年氣候正常，農夫不用非常費力的工作，也可以有豐收的一年。

〇「雨水，海水較冷鬼」：「雨水」雖然已經是春天了，但是溫度依然很低，尤其海水會比氣溫更低，提醒人們要小心安全，不要輕易下海玩水。

四 立的祭祀活動

在古代，最先制定出的「四立」的那幾天，通常會有特殊的祭祀活動，足以顯示出老祖宗對節氣的重視：

- 立春：天子需要齋戒沐浴，並且率領百官在東郊舉行春祭，除了象徵迎春之外，也勸戒百姓勤勞耕種。
- 立夏：這一天國家會在南郊舉行祭拜的儀式。民間認為立夏是諸神用來記錄人間是非罪過的日子，因此立夏日不要動用任何刑法，甚至連打罵小孩也要避免。
- 立秋：皇帝和百官到西郊迎秋，下令開始操兵演練；又因為秋天是肅殺的季節，刑罰處決也多在此季舉行。
- 立冬：在北郊舉行祭祀，並且處理一年各官員百姓的賞罰撫恤。

驚蟄：蟲類冬眠驚醒。

春雷響動，驚動蟄伏在地底下的冬眠生物，牠們將出土活動。到了這個時候，冬天潛藏的寒氣逐漸消逝，氣溫上升，萬物將開始生機蓬勃。

老智慧諺語：

○「未驚蟄打雷，會四十九日烏」：如果在驚蟄日前就打起雷，那麼之後連續四十九天都會下雨。

○「二月初二彈雷，稻仔卡重過秤錘」：如果這時候打雷，表示今年風調雨順，稻穗還會比秤錘重！

春分：陽光直射赤道，晝夜平分。

這是春季九十天的中分點，這一天晝夜相等，所以古代曾稱春分、秋分為晝夜分。過了這一天，白天的時間會漸漸比夜晚長。

老智慧諺語：

○「春分有雨家家忙，先種麥子後插秧」：春分這一天如果下雨，表示秋季會豐收。這時就可以同時種麥子和稻米，因為今年秋天會有好收穫！

○「春分有雨病人稀，五穀稻作處處宜」：春分時如果下雨，人們就會注意天氣的變化，提前增添衣物減少感冒發生。農作也會因為有雨水的滋潤，更容易生長。

清明：春暖花開，景色清明。

萬物明潔清朗，氣候溫暖，草木開始萌發繁茂，因此稱為清明。此節氣最重要的活動就是祭祖掃墓，表達中國傳統慎終追遠、敬懷祖先的文化精神，直到現在，清明仍是中國四大節慶之一（清明節相關習俗請見第208頁）。

老智慧諺語：

○「雨淋墓頭紙，日曝穀雨田」：如果清明的時候下雨，穀雨那天就會天氣晴朗。

○「清明晴魚高上坪，清明雨魚埤下死」：清明這一天如果天氣晴朗，日後雨水就會多，魚群可以繁殖順利；相反的話，則可能會發生乾旱、溪河乾涸，導致魚群死亡。

穀雨：農民佈穀後望雨。

雨生百穀的意思是指當雨水增多，就可以使百穀順利滋長。在此之前，農夫已經播種入土，因此適當的雨水正可以幫助作物成長，所以說，這個名稱蘊含著有雨孕育出五穀作物的希望。

老智慧諺語：

○「穀雨相逢初一頭，只憂人民疾病愁」：如果穀雨時節剛好落在農曆月初這一天，在那一年將會有較多的疾病流行。

○「穀雨，鳥隻做母」：在這段時間，是鳥禽類的交配時節，許多雌鳥在此時都孕育了下一代。

夏

立夏：夏季開始。

夏天開始，萬物隨著溫暖的氣候而生長。這天過後，天氣漸熱，春天播種的作物也慢慢長大。

老智慧諺語：

○「立夏起東風，十塘九塘空」：如果立夏這一天吹東風的話，今年就會少下雨，可能會發生乾旱，池塘的水都乾了，農夫們可就要煩惱了。

○「立夏，補老父」：這一天應該要孝敬長輩，讓老人家好好補一下身體。

小滿：稻穀行將結實。

「小」表示還不完全，「滿」指籽粒飽滿，春季作物這時開始漸趨飽滿而未熟。過了小滿之後，即將迎接成熟的作物，因此象徵農忙的時節即將來臨。

老智慧諺語：

○「罩茫罩不開，戴笠仔披棕簑」：這個時節如果早上起霧，就表示今天會下雨。

○「小滿雨水相趕」：小滿適逢梅雨季節，是天天都溼答答的雨季。

芒種：稻穀成穗。

此時是秋季作物播種、春季作物收割最繁忙的時節。

芒種代表的意思有兩層：一是有芒作物如大麥、小麥已經結實可以採收；另一是有芒作物像是黍、稷可以播種了。

老智慧諺語：

○「四月芒種雨，五月無乾土，六月火燒埔」：芒種亦梅雨季節，雨會從芒種下到五月。

○「芒種夏至，檨仔（芒果）落蒂」：此時正是芒果熟成落蒂時，享用芒果的時節到了。

夏至：陽光直射北回歸線，北半球晝長夜短。

這一天白天最長，黑夜最短。中午時，太陽距離地面在天空最高處，日影最短，古代又稱為「日北至」或「長日至」。夏至代表事物到達最成熟的階段。

老智慧諺語：

○「夏至，風颱（颱風）就出世」：這時要從梅雨季節過渡到颱風季節。

○「夏至，種籽齊去」：夏至前後，收割完第一期的稻作後，臺灣中南部第二期農作物的種籽，已經可以播種下土了。

小暑：氣候稍熱。

「暑」是炎熱，此時天氣已經感受到熱氣，從立夏開始爬升的溫度，到此時已經可以明顯感受，但是還尚未到達最熱的時候。

老智慧諺語：

○「小暑驚東風，大暑驚紅霞」：如果小暑時節吹東風、大暑時節傍晚紅霞滿天，就是颱風來臨的前兆。

○「小暑過，一日熱三分」：過了小暑，天氣就會一天比一天熱。指暑季真正的來臨。

大暑：氣候酷暑。

這時炎熱程度更勝於小暑，到達最高峰。

老智慧諺語：

○「大暑熱不透，大水風颱到」：大暑這一天如果不熱，表示氣候不順，今年要嚴防水災或風災的發生。

○「小暑大暑，有米也懶煮」：酷熱的天氣，讓大家都懶洋洋的，連飯都不想煮。

秋

立秋：秋季開始。

陰冷的空氣降臨，代表秋天開始，作物快成熟了。但是此時的冷空氣只是降低夏季的熱氣而已，溫暖悶熱的天氣還會一直持續到過了處暑之後，才會有明顯的轉涼。立秋之後因為對流雲層減少，降雨不多，有時反而會造成溫度飆升，因此立秋之後的炎熱天氣，被稱為「秋老虎」。

老智慧諺語：

◯「立秋無雨最堪憂，萬物從來只半收」：農民最煩惱立秋不下雨可能導致歉收。

◯「六月秋，快溜溜；七月秋，秋後油」：如果立秋這一天是在農曆六月，則漁民的作業期會較早結束；如果立秋在七月，則天氣會持續穩定，今年的捕魚季節就會比較長，漁民因而可以賺飽荷包。

處暑：暑氣漸消。

「處」是住的意思，暑氣將退藏到休息的住處，表示暑氣到此為止。因此炎熱的天氣會開始減少，但是仍然會有「秋老虎」發威的時候。

老智慧諺語：

◯「一雷破九颱」：處暑時節颱風最多，老一輩的人認為只要打雷就不會有颱風，所以說打雷一聲可以趕走九個颱風。

◯「處暑，會曝死老鼠」：這時節的天氣仍非常炎熱，一點都沒有秋天的涼意，酷熱的天氣甚至會把老鼠曬死。

白露：夜涼，水氣凝結成露。

到了白露這個時節，陰氣會開始逐漸加重，而清晨的露水也會愈來愈多。

當地面上的水氣凝結出白色的水滴，就表示天氣開始轉涼了——炎熱的夏季已經過去了，迎接真正涼爽的秋天。

老智慧諺語：

○「白露大落大白」：如果在這時下雨，稻作會受到破壞而生出白穗，影響收成。

○「白露水，卡毒鬼」：老一輩的人認為白露時降下的雨水是有毒的。

秋分：陽光直射赤道，晝夜平分。

秋季九十天的中間，這一天晝夜相等，同春分一樣，太陽從正東升起正西落下。過了秋分這一天，夜晚的長度就會漸漸比白天長了。

老智慧諺語：

○「秋分天氣白雲多，處處歡聲歌好禾」：秋高氣爽收穫好時節，家家歌唱慶祝好收成。

○「秋分只怕雷電閃，多來米價貴如何」：在秋分時很怕下雷雨，因為一旦雷電多，就會影響收成，米價上漲。

寒露：夜露寒意沁心。

水露先白而後寒，是氣候將逐漸轉冷的意思。由於氣溫變冷，使水氣聚積凝結成露水。此時已進入深秋的時節，萬物蕭瑟。

老智慧諺語：

◯「九月颱，無人知」：雖然此時已經不是颱風季節，但有時颱風會在毫無預警的情況下來臨，所以要小心謹慎。

◯「九月九，風吹滿天哮」：此時風大，適合放風箏。

霜降：露結成霜。

此時大陸長江以北的溫度漸冷，夜晚的露水凝結成薄霜，稱為霜降。

老智慧諺語：

◯「霜降，風颱跑去藏」：進入霜降之後，颱風就已經躲了起來，不會再來影響我們的生活了。

◯「霜降豆，寒露麥」：這時節適合種植花生等豆類科植物。

冬

立冬：冬季開始。

「冬」是「終了」之意，作物收割後要收藏起來，並從這天起代表冬天開始。

作物收成結束之後，人們一整年的繁忙也將在這個節氣進入休養的階段，民間因此而有「補冬」的習慣。

老智慧諺語：

○「立冬收成期，雞鳥卡會啼」：立冬時期正值收成季節，放飼的雞或野生鳥群有不虞匱乏的穀物可吃，所以啼聲不絕。

○「補冬補嘴空」：一般認為立冬要進補，通常是吃麻油雞或四物、八珍等藥膳。

小雪：氣候寒冷，逐漸降雪。

此時大陸北方天空會聚積雲層，開始降雪，但還不多。

老智慧諺語：

○「十月豆，肥到不見頭」：在嘉義縣布袋一帶，到了十月可以捕到「豆仔魚」，而這個節令的豆仔魚會長得相當肥美。

○「小雪小到」：在小雪前後，第一批的小烏魚群會剛好到臺灣海峽。

大雪：大雪紛飛。

此時大陸北方溫度普遍降到零度以下，雪量由小增大，天寒地凍、大雪紛飛。

老智慧諺語：

○「頂初三下十八，早潮晏退」：海潮在農曆十一月初三與十八日有提早滿潮而較晚退潮的現象。因此，提醒從事沿海活動的人要特別注意安全。

○「大雪大到」：到了大雪，烏魚群便會大量的通過臺灣海峽。

冬至：陽光直射南回歸線，北半球晝短夜長。

這一天白天最短，黑夜最長。中午時，太陽在距離地面天空最低處，日影最長，古代又稱「日南至」或「短日至」。在古代，冬至的重要性不亞於過年，因此人們會團圓相聚，北方人吃餃子、南方人吃湯圓，象徵年齡又多了一歲。

老智慧諺語：

○「冬至圓仔呷落加一歲」：冬至這天夜最長，過了以後白天會逐漸增長，對古代的觀察家來說，形同一個重要的關鍵，所以才說吃了湯圓就算是長了一歲。

○「冬至烏，過年酥」：冬至若下雨，則過年的時候可能會放晴。

小寒：氣候稍寒。

這個節氣過後，一直到大寒前後約三十天，會是十二月中最冷的一個月。冷氣積久而逐漸感受到寒氣，但此時的天氣還不是最冷的，所以稱小寒。

老智慧諺語：

○「十二月雷，不免用豬槌」：如果十二月出現打雷，那麼隔年就會爆發豬瘟，導致豬隻的大量死亡，也就不必使用豬槌來宰豬了（編注：豬槌是以前宰殺豬隻前用來擊昏豬隻的槌子）。

〇「小寒大冷人馬安」：小寒時天氣普遍寒冷，故人和牲畜較不會受瘟疫、病菌感染。

大寒：氣候嚴寒。

過小寒十五日後，寒氣到達頂點，就是最冷的時候。

老智慧諺語：

〇「大寒不寒，春分不暖」：大寒這一天如果天氣不夠冷，那麼冷天就會往後延遲，到來年的春分時節，天氣就不會溫暖了。

〇「大寒不寒，人馬不安」：如果大寒不夠冷，人和牲畜來年就較容易染病。

二十四節氣是中國人長期對天文、氣象、萬物進行觀測探索和歸納的結果，實際上就是太陽對中原地區整年度的方位角變化，對農事耕作有相當重要和深遠的影響，幾千年以來一直到現在，仍深受農民的重視。

檔案 21

每月的方位宜忌與運勢怎麼看？

中國古天文學家觀察到天上二十八個星宿，術數家衍生出每個星宿有不同的吉凶，知道它們所代表的意義後，有利於趨吉避凶。

二十八星宿是什麼？

「宿」是住、停留的意思，二十八星宿又稱「二十八星」、「二十八舍」。古人以北極星為中心，定出四方的天象，在黃道附近選擇了二十八個星宿作為觀測點，再加上三桓（太微垣、紫微垣、天市垣），成為古人劃分天區的標準。

月亮每天約會經過一宿，約二十八天可環繞地球一周，所以二十八星宿的劃定可用來計時，古人也利用行星在軌道上的運行對二十八星宿各方位的影響，來判定地上人間的吉凶。

說穿了，二十八星宿其實可以稱得上是中國的星座學，只是術數家將之發展成具有趨吉避凶的擇日參考。

四象	星宿名	吉凶	主事	宜	不宜
東方青龍	角	吉	主掌繁榮昌盛	嫁娶、遠行、動土、搬遷	下葬、修墳
	亢	凶	有災殃	嫁娶、栽種	下葬
	氐	凶	使倉庫空虛		嫁娶、下葬、出航、生育
	房	吉	財產增加，有象徵榮華富貴之意	祭祀、嫁娶、建造、搬遷	
	心	凶	大凶，牢獄訴訟之災		祭祀、搬遷、遠行
	尾	吉	象徵天恩，富貴榮華	嫁娶、修造	
	箕	吉	福氣吉祥	建造、下葬、開門、放水	
北方玄武	斗	吉	主掌招財	建造、開門、放水	
	牛	凶	災難惡運		嫁娶、建造
	女	凶	傷婦女、損兄弟		葬儀、打官司
	虛	凶	災難惡運		凡事小心，忌開門、放水
	危	凶	災難惡運		建造高樓、下葬、開門、放水
	室	吉	家產財富、子孫福氣	嫁娶、建造、搬遷	葬儀
	壁	吉	農事順利、收穫豐富、貴人相助	埋葬、嫁娶、建造	
	奎	半吉凶	文場運勢	遠行、修屋	開張
	婁	吉	家事興旺	嫁娶、修屋	
	胃	吉	帶來喜氣，增加收入	嫁娶、下葬	

西方白虎	昴	半吉凶	災難惡運	下葬	嫁娶
	畢	吉	帶來光明	嫁娶、建造、葬儀	
	觜	凶	帶來刑期、獄災		建造、下葬
	參	凶	可興旺文采，但是凶大於吉	建造	埋葬、嫁娶
南方朱雀	井	吉	旺家產，金榜題名	祭祀、栽種、建造	
	鬼	凶	災難惡運	下葬	嫁娶、建造
	柳	凶	容易招致官禍，生活較無法安閒		埋葬、建造、開門、放水
	星	半吉凶	凶大於吉	嫁娶、栽種	葬儀
	張	吉	可獲得財富田產	祭祀、埋葬、嫁娶	
	翼	凶	帶來瘟疫		下葬、嫁娶、建造
	軫	吉	榮華富貴不盡	置業、嫁娶、建造	

二十八星宿歸四象

二十八星宿分別歸到四象之下，《尚書考靈曜》寫到：「東方七宿，其形如龍，曰左青龍。南方七宿，其形如鶉鳥，曰前朱雀。西方七宿，其形如虎，曰右白虎。北方七宿，其形如龜蛇，曰後玄武。」

四象統領的星宿如下：

東方青龍（包括角、亢、氐、房、心、尾、箕七宿），共有三十二星；西方白虎（包括奎、婁、胃、昴、畢、觜、參七宿），有五十一星；北方玄武（包括斗、牛、女、虛、危、室、壁七宿），有三十五星；南方朱雀（包括井、鬼、柳、星、張、翼、軫七宿），有六十四星。

月宿、月煞測吉凶

古人將二十八星宿分別輪值於年、月、日，從「虛宿」開始排列，並運用在農民曆的月曆上。在每月首行出現的月宿為某、月煞某方，就是以當月為依據，需要小心的方位和星宿吉凶。

月宿：月宿為「某」，該「某」就是本月的代表星座，至於星宿的凶吉，請參110、111頁的二十八星宿吉凶表。

月煞：月煞「某」方是指當月在該「某」方容易遭到沖煞，需小心行事。每月沖煞何方的公式為：逢子、辰、申月，煞南方；逢丑、巳、酉月，煞東方；逢寅、午、戌月，煞北方；逢卯、未、亥月，煞西方。

農民曆中的二十八星宿，代表不同的吉凶，在各星宿的掌管之下，各有宜忌的事項，落在每一年、月、日，成為數術家擇日的參考，但科學界多不採信，而且一般民眾參考農民曆，也比較不會注意星宿的問題。專業人士在運用二十八宿則是經過校正，因為二十八宿宿度大約七十年位移一度，經過度數校正之後，二十八星宿就有很精密的參考價值。

看懂每一天，過好每一日！

當日紀要 P.115

納音五行 P.126

擇日術語 P.144

每日沖煞 P.150

胎神 P.152

大暑：斗指丙為大暑，斯時天氣甚熱於小暑，故名大暑。

16	星期三	天貴福　玉堂	農曆六月小 十四	丁巳	土	[illegible]	[illegible]	[illegible]	[illegible]	宜 祭祀 開光 [illegible] 池井 開市 牧養 納畜 ●忌上任入宅	沖豬38 歲煞東	外倉[illegible]	[illegible]巳
17	星期四	歲德●勿修灶 王靈天君聖誕 無極老母聖壽	十五	戊午	火	[illegible]	[illegible]	[illegible]	[illegible]	宜 諸事不宜 ●受死凶日宜事不取	沖鼠37 歲煞北	床[illegible] 外正東	[illegible]午
18	星期五	○望15時42分 ◎出霉●勿拆灶	十六	己未	火	[illegible]	白[illegible]	[illegible]	中五禽	宜 祭祀 ●真滅沒凶 無註弗妥	沖牛36 歲煞西	占門側 外正東	子卯巳午
19	星期六	◎初伏●勿拆灶 ※土王用事申時	十七	庚申	木	除	赤七	氐	四六 益	宜 祭祀 開市 祈福 立券 求嗣 入殮 會友 除服 伐木 啟攢 拆卸 謝土 裝潢 上樑 入宅 安香 ●忌開光嫁娶安葬	沖虎35 歲煞南	碓磨爐 外東南	子卯辰巳午未
20	星期日	三元旺氣歸中申時 南鯤身持二王爺千秋	十八	辛酉	木	滿	白六	房	四七 屯	宜 開光 造畜稠棧 出行 裁衣 成除服 嫁娶 啟攢 進人 火化 安床 進塔 立券 安葬 交易 捕捉 結網 ●忌動土入宅	沖兔34 歲煞東	廚灶門 外東南	子辰巳午未申
21	星期一	◎烏兔太陽申時 觀音菩薩得道紀念	十九	壬戌	水	平	黃五	心	四八 頤	宜 祭祀 捕捉 冠笄 畋獵 嫁娶 入殮 ●四季逢平凶多吉少無註弗安	沖龍33 歲煞北	倉庫栖 外東南	卯巳午申
22	星期二	酉時交大暑六月中 歲德合 麒麟日	二十	癸亥	水	定	綠四	尾	四九 復	宜 沐浴 掃舍宇 ●日值正四廢會重日凡事少取	沖蛇32 歲煞西	佔床房 外東南	卯辰午未
大暑	日出：上午五時十七分 台灣西時十八十五五分 日沒：下午六時四四分	植種 北部：花椰菜、土白菜、高腳菜、甘藍 中部：抱子甘藍、芥藍菜、冬瓜、甘薯 南部：冬瓜、菜豆、黃秋葵、玉黍蜀、茼蒿、土白菜	撈漁 東港：龍蝦、虱目魚苗、鯢魚 安平：烏鯢、虱目魚苗、鯢魚 澎湖：龍蝦、鱸魚、龍尖、煙仔魚、虱目魚苗 高雄：飛魚、虱目魚苗、鯢魚										
23	星期三	天月德　天恩	廿一	甲子	金	執	紫九	箕	六一 姤	宜 祭祀 牧養 祈福 納畜 上任 入殮 解除 啟攢 訂婚 火化 裁衣 安葬 會友 謝土 拆卸 裝潢 上樑 ●忌開市成除服	沖馬31 歲煞南	占門碓 外東南	子卯辰巳未申
24	星期四	◎烏兔太陽巳時	廿二	乙丑	金	破	白八	斗	六二 大過	宜 諸事不取 ●月破凶日會正紅紗凡事俱不取	沖羊30 歲煞東	碓磨側 外東南	子卯巳
25	星期五	玄女經日作宅大吉 曲星　天恩貴	廿三	丙寅	火	危	赤七	牛	六三 鼎	宜 訂婚 納財 裁衣 除服 會友 啟攢 安機 火化 雕刻 進塔 拆卸 安葬 裝潢 上樑 蓋屋 立券 ●刀砧日 ●忌上任入宅	沖猴29 歲煞北	廚灶爐 外正南	卯巳午未酉
26	星期六	◐下弦2時42分 南極大帝聖誕 關聖帝君聖誕	廿四	丁卯	火	成	白六	女	六四 恆	宜 祭祀 安床 開光 入宅 祈福 安香 訂婚 開市 裁衣 立券 嫁娶 除服 會友 啟攢 拆卸 安火葬 裝潢 上樑 ●刀砧日	沖雞28 歲煞西	倉庫門 外正南	子卯辰巳午未
27	星期日	歲德　天恩　人倉	廿五	戊辰	木	收	黃五	虛	中五禽	宜 祭祀 作灶 納財 入殮 ●忌嫁娶安床入宅開市	沖狗27 歲煞南	房正栖 外正南	子辰巳未申
28	星期一	傳星　天月德合 二郎元帥聖誕	廿六	己巳	木	開	綠四	危	六六 巽	宜 祭祀 伐木 開光 拆卸 祈福 裝潢 上任 上樑 剃頭 安灶 裁衣 立券 冠笄 交易 嫁娶 會友 進人 ●忌入殮安葬	沖豬26 歲煞東	占門床 外正南	子卯午未申酉
29	星期二	探病凶日 ◎末伏●勿修灶	廿七	庚午	土	閉	碧三	室	六七 井	宜 入殮 火化 除服 進塔 啟攢 安葬 ●受死日忌吉喜事惟喪事不忌	沖鼠25 歲煞北	占碓磨 外正南	卯巳午未申
30	星期三	時五福午時入坤宮 ◎烏兔太陽辰時	廿八	辛未	土	建	黑二	壁	六八 蠱	宜 祭祀 安床 祈福 開市 求嗣 納財 解除 教牛馬 訂婚 裁衣 會友 雕刻 豎柱 上樑 ●忌上任嫁娶入宅納畜	沖牛24 歲煞西	廚灶廁 外西南	卯巳午申
31	星期四	益後　吉期　幽微	廿九	壬申	金	除	白一	奎	六九 升	宜 祭祀 除服 開光 啟攢 祈福 火化 求嗣 進塔 齋醮 安葬 解除 謝土 嫁娶 開市 立券 入殮 ●忌上樑入宅安床	沖虎23 歲煞南	倉庫爐 外西南	子卯辰巳未酉

戊午日時局

子時	日破 大凶 路空	丑時	寶光 貴人 路空	寅時	三合 生旺 白虎	卯時	玉堂 天官 少微				
辰時	喜神 武曲 天兵	巳時	日祿 天赦 元武	午時	司命 帝旺 六戊	未時	祿貴 交馳 勾陳				
申時	青龍 福星 地兵	酉時	明堂 貪狼 進貴	戌時	三合 財局 路空	亥時	少微 朱雀 路空				

戊申日時局

子時	大進 青龍 路空	丑時	明堂 貴人 路空	寅時	日沖 大凶 天刑	卯時	天官 進貴 朱雀
辰時	喜神 金匱 天兵	巳時	六合 日祿 寶光	午時	帝旺 白虎 六戊	未時	羅紋 交貴 玉堂
申時	福星 進祿 地兵	酉時	功曹 元武 五鬼	戌時	司命 鳳輦 路空	亥時	少微 勾陳 路空

戊戌日時局

子時	大進 天牢 路空	丑時	貴人 元武 路空	寅時	三合 司命 不遇	卯時	天官 六合 勾陳
辰時	日破 大凶 旬空	巳時	明堂 日祿 天赦	午時	三合 帝旺 六戊	未時	貴人 右弼 朱雀
申時	[illegible] 福[illegible] 地[illegible]	酉時	[illegible]	戌時	武曲 白虎 路空	亥時	玉堂 少微 路空

十五

22 檔案

每天的基本運勢怎麼解讀？

農民曆每天的項目欄裡，除了最上方的國曆日期，下面那一格稱為「當日紀要」；就是記錄當天最重要的幾項要事：包含當日的吉凶、諸神的聖誕和相關的節日等。

當日紀要中的神祇

農民曆最重要的目的就是「擇日」，狹義上的擇日是以干支的曆法為基礎，加上年、月、日、時的吉凶來進行綜合的評估參考。農民曆裡有非常多的神祇，用來表徵吉凶沖煞。大到有掌管一年的年神，小至每日值位的日神，還有加上各吉時凶時的複雜系統。只要了解這些神祇是吉神還是凶神，在挑日子、看日子時，就會知道要怎麼趨吉避凶了。

年神

又稱為「歲神」或「年家」。年神的沖煞，掌管一年裡四面八方各地的凶吉宜忌，以「太歲」為首神，分為善、惡兩大類的神祇。太歲勢威力大，所以吉星、凶星都必須倚靠祂的力量來行福或危害。太歲本身沒有吉凶，吉星相疊才能成福；凶星相重則會招厄。以下介紹較常在農民曆上看到的年神：

天乙貴人：陰陽調和，象徵吉祥。百事皆宜，宜修造、埋葬等。

羊刃：代表權勢、力量。百事不利，忌造葬、修方等。

歲德：所值之日稱「歲德日」。歲神中的「德神」，是天神（天干五行的神，稱天神；地支五行的神，為地神）中力量最大的。事事皆宜，宜定盟、嫁娶、出行、上官赴任等。

歲祿：歲干當官，象徵繁榮。百事皆吉。

歲位合：五行相合的神，象徵吉祥。事事皆宜。

歲德合：所值之日稱為「歲德合日」，吉神。有宜無忌，宜修造、埋葬等。

力士：象徵天子的御林軍。忌興建、造作等。

大煞：主刑罰、殺戮、劫盜。忌移徙、上梁、豎柱、置產等。

大將軍：是太歲的從神，掌管殺伐。宜選兵、攻城、討伐；忌興造、嫁娶、遠行。

太陰：又名「弔客神」。是太歲的后宮，主掌疾病喪事。忌問病、求醫、送喪等。

弔客：歲的凶神，主疾病哀泣之事。忌興造、求醫、送喪等。

日	星期	當日紀要
23	星期三	天月德　天恩
24	星期四	◎烏兔太陰巳時
25	星期五	玄女經曰作宅大擊　天月德　天恩貴
26	星期六	◑下弦2時42分　南極大帝聖誕　關聖帝君聖誕
27	星期日	歲德　天恩　人倉
28	星期一	傳星　天月德合　二郎元帥聖誕
29	星期二	探病凶日　◎末伏　●勿修灶
30	星期三	時五福午時入坤宮　◎烏兔太陽辰時
31	星期四	益後　吉期　幽微

白虎：是歲破的從神，掌管服喪。疊凶星，則忌興造。

伏兵大禍：有兵傷、刑戮的災禍。忌修造、出兵等。

死符：又名「小耗神」。忌造作、出入、經營等。

劫煞：歲的陰氣。忌興造、宴會、出行、嫁娶等。

災煞：主病患。忌營造、宴會、出行、嫁娶等。

官符：又名「地官符」。是歲破的從神，主宰訴訟公司。忌興造、營建等。

奏書：歲的貴神。宜祭祀、營建等。

病符：主災病。忌修方、安床、探病等。

破碎：主損耗不全。忌婚嫁、置產等。

豹尾：象徵旌旗，常與黃幡對沖。忌嫁娶、興造等。

喪門：主孝服。忌行喪、探病等。

博士：歲的善神。宜興修等。

歲合：吉神。百事皆吉。

歲刑：主刑罰。忌興造、訴訟、動土、開戰等。

歲破：又名「大耗神」。歲神中破壞力最強的凶神。忌興造、嫁娶、移徙、遠行等。

歲煞：歲的陰氣。忌移徙、修造、營建等。

黃幡：「幡」是旌旗的意思，主兵亂戰爭。宜開旗、射弓；忌嫁娶、交易、造作等。

驛馬：主奔波、走動、變遷。宜上任、遷徙等。

除此之外，惡神還有金神、蠶官、蠶寶、蠶命、喪門、飛廉等。善神還要加上歲干合、歲支德等。

月神

月神又稱為「月家」。決定一個月的吉凶宜忌，以「月建」為首，有善惡兩大類神。

三合：是五行相合的意思，申子辰、亥卯未、寅午戌、巳酉丑為一組，聚集力量稱為三合。例如未月（六月）逢卯日；亥月（十月）逢卯日。宜交易、修造、會友、嫁娶等。

六合：子丑、寅亥、卯戌、辰酉、巳申、午未為六合。宜宴客、結婚、交易、安葬等。

五富：氣勢強大、富貴旺盛的神。宜舉辦各種活動。

天馬：是天帝的騎乘。宜遠行、出征、選賢等。

天倉：掌管天庫。宜納財、牧養、修倉等。

天赦：所值之日稱為「天赦日」。是上天大赦的日子，這天百無禁忌，事事皆吉。

天德：所值之日稱為「天德日」。天德是天的福德。宜興造、營建、祭祀、宴會等。

天德合：值日稱為「天德合日」。宜營造、祭祀、祈福、宴會、出行等。

天願：是月中的喜神。宜嫁娶、納財、祭祀、開市等。

月支合：吉神。宜動土、興工等。

月支德：德神。百事皆宜，宜造葬、營建等。

月建：月建神之下發展出「建除十二神」。忌興造、動土、乘船、新船下水、新車下地、維修水電器具等。

月恩：是該月所屬五行所生的日子，寅月為木，木生火，火則為月恩日。宜營造、嫁娶、祭祀、移徙等。

月祿：月干當官，象徵繁榮。百事皆吉。

月煞：又名「月虛神」。虛耗凶殺的神。忌出行、婚宴、開倉、種植、納畜等。

月德：所值之日稱為「月德日」。是月的德神。宜赴任、會友、求職、祭祀等。

月德合：所值之日稱為「月德合日」。宜營建、祭祀、上任、出行等。

四廢：代表四時衰退。忌出兵、開市、迎親、營造、出行等。

四相：四季所產生的氣（春木生火、夏火生土、秋金生水、冬水生木）。宜栽種、遷徙、遠行、養育、營造等。

玉宇：貴神。宜修繕、嫁娶、會客等。

母倉：生育積存的神。宜栽種、畜牧、納財等。

劫煞：陰氣匯聚。忌興造等。

災煞：主管病患。忌營造、遠行、嫁娶、上任、官司等。

往亡日：象徵失去、空無。忌上任、遠行、出征、嫁娶等。

金堂：善神。宜營建、興造等。

要安：吉神。宜修葺等。

陰貴人：天乙貴人之一。宜修造、納財、生育等。

陰陽不將：又名「不將神」，簡稱「不將」。凡事皆宜。

陰德：德神。宜平反、行善、佈施等。

時德：又名「四時天德神」。是四季所生的德神。宜宴會、移徙、慶功、祭祀等。

益後：福神。宜修造、嫁娶等。

陽貴人：天乙貴人之一。宜修造、納財、生育等。

陽德：德神。宜交易、開市、結婚。

普護：掌庇護。宜祭祀、求醫等。

聖心：福神。宜經營、祭祀等。

福生：福神。宜祈福、祭祀等。

敬安：主恭順的神，代表陰陽相會，相互恭敬則較平安無事。宜家聚、宴客、訪友等。

厭對：又名「六儀神」。忌嫁娶、渡水、搭船等。

續世：善神。宜結婚、祭祀、求子等。

黃道、黑道十二神：青龍、明堂、金匱、天德、玉堂、司命稱為六黃道，所謂黃道吉日就是這六神所在的日子。天刑、朱雀、白虎、天牢、元武、勾陳稱為六黑道，是凶煞。黃道神值日，凶惡躲避；黑道神值日，吉祥不來。

除此之外，善神還有月空、敬堂、驛馬等等；惡神則有九空、九坎、九焦、大時、大煞、土符、天吏、天官符、月刑、月害、月厭、月游火、月克山家、地囊、地官符、飛大煞、陰府太歲、游禍等等。一般來說，月建和太歲一樣，也沒有絕對的吉凶，疊吉神則吉，疊凶神則凶。

日神

日神又稱「日家」，決定一日的吉凶沖煞。

三合：宜嫁娶、開市、入宅、造葬等。

三刑：主猜忌。與天月德、德合、貴人相逢就可以化解。

五合：宜興造、入宅、安葬、嫁娶等。

六合：宜嫁娶、開市、入宅、造葬等。

六沖：百事皆凶。忌嫁娶、納財、開市、安葬、牧養等。

六害：十二地支中，子未相害，丑午相害，寅巳相害，卯辰相害，申亥相害，酉戌相害，不吉。

日德：是日的德神。宜興造、入宅、安葬、嫁娶等。

日祿：又稱「日祿臨時」、「八祿時」，是每天都會遇上的好時辰。宜入宅、安葬、求財等。

日貴：兼具天乙貴人和文昌貴人的性質。宜上任、移居、嫁娶、動土、造葬等。

日刃：戊午、丙午、壬子、丁巳、己巳、癸亥，這六組干支出現在日柱上稱為日刃。忌嫁娶、動土、造葬、移居、祈福等。

天恩：上天施恩佈德的日子。宜佈施、宴客、救濟等。

四離日：春分、夏至、秋分、冬至四節氣的前一日，稱為「離日」。忌出行。

四絕日：立春、立夏、立秋、立冬四節氣的前一日，稱為「絕日」。忌遠行。

除神：除舊佈新、除霉去惡。宜沐浴、剃頭、驅災害等。

桃花：多與酒色相關。忌嫁娶、安床等。

華蓋：有出世的傾向。忌嫁娶。

觸水龍：容易溺水。忌涉水、渡河、戲水、捕撈魚類等。

驛馬：又稱為「天后日」。與三合之首互沖者，稱為驛馬，例如「寅午戌」之首是寅，與寅相沖的是申。因此凡寅月、午月、戌月逢申日，就稱驛馬。宜出行、移居、入宅、開市、營商等。

善神還有王日、四相、六儀、不將、天巫、天喜、天醫、吉期、母倉、民日、守日、相日、時陽、時陰、福生、鳴吠日、鳴吠對日、寶日、義日、臨日、福德、陽德等。凶神有四忌、四窮、五虛、五離、八風、厭對、血忌、血支、大敗等。

其他

刀砧日：忌針灸、穿割。

探病凶日：忌探病。

陽公忌日：忌動土、嫁娶、安葬、上任。

彭祖忌日：各行各業在不同的日子會有忌諱，禁止開工。像是甲日不開倉、乙日不栽種、丙日不修灶等等。

鳳凰日：女性不忌，百無禁忌。

麒麟日：男性不忌，百無禁忌。

除了「當日紀要」外，一般人大都直接看每日的宜忌欄，而很少直接以年神、月神和日神來自行評估，因為這些操縱宜忌的神祇實在太多了，很少人能記得祂們全部所代表的吉凶，所以較少使用。

挑日子不求人

祭祀	宜	天德、月德、天德合、月德合、天赦、天願、月恩、四相、時德、開日、普護、福生、聖心、續世日
	忌	天狗寅日
整容剃頭	宜	除日、解神、除神日
	忌	月建、月破、劫煞、災煞、月煞、月刑、月厭、丁日，每月十二日、十五日

	宜	忌
立券交易	天願、民日、滿日、成日、開日、五富、五合、六合日	月破、平日、收日、災煞、月煞、月刑、月厭、五墓、小耗、天賊、四窮、五離、四廢、九空
上官赴任	天德、月德、天德合、月德合、天赦、天願、月恩、四相、時德、開日、天喜、建日、吉期、驛馬日	月破、滿日、閉日、劫煞、災煞、月煞、月刑、月厭、五墓、大時、天吏、四廢、往亡日
宴會	天德、月德、天德合、月德合、天赦、天願、月恩、四相、福德、三合、開日、天喜、六合、五合日	月破、平日、收日、閉日、月害、劫煞、災煞、月煞、月刑、月厭、五離、酉日、四廢日
出行	天德、月德、天德合、月德合、天赦、天願、月恩、四相、三合、開日、天喜、建日、天馬、驛馬日	月破、平日、收日、閉日、劫煞、災煞、月煞、月刑、月厭、五墓、天吏、四廢、天賊、往亡、巳日
婚嫁	天德、月德、天德合、月德合、天赦、天願、月恩、四相、時德、三合、天喜、民日、六合、五合日	月破、平日、收日、閉日、劫煞、災煞、月煞、月刑、月厭、四廢、四忌、四窮、五離、往亡
移徙	天德、月德、天德合、月德合、天赦、天願、月恩、四相、時德、開日、天馬、成日	月破、平日、收日、閉日、劫煞、災煞、月煞、月刑、月厭、五墓、月害、天吏、四廢、歸忌、往亡日
營建	天德、月德、天德合、月德合、天赦、天願日	月建、土府、月破、平日、收日、閉日、劫煞、災煞、月煞、月刑、月厭、五墓、土符、四廢、土王用事

開市	宜	天願、民日、滿日、成日、開日、五富日
	忌	月破、平日、收日、劫煞、災煞、月煞、月刑、月厭、五墓、小耗、四耗、四窮、五離、四廢、九空
安葬	宜	天德、月德、天德合、月德合、天赦、天願、六合、鳴吠日
	忌	月建、月破、土府、平日、收日、劫煞、災煞、月煞、月刑、月厭、土符、四廢、四窮、四忌、重日

檔案23

納音五行是什麼？

五行的觀念在中國文化和思維中影響深遠，天干、地支都有各自的五行，而中國傳統的音樂領域也有五行，稱為「納音五行」。

納音五行的起源

在考據學上，納音五行起於何人、何時已經不可考，但是根據古人留下來的說法，認為納音是：

「宮商角徵羽五音，與氣化相感應也。」

甲子	乙丑	丙寅	丁卯	戊辰	己巳	庚午	辛未	壬申
金	金	火	火	木	木	土	土	金

南宋朱熹認為納音是把干支分配到宮、商、角、徵、羽五音，而五音所生的五行，就是其干支所納之音，所以稱納音五行。簡單來說，這也是五行概念的延伸。

納音和中國傳統五音關係緊密，由此可推知，納音五行至少要在五音出現後才會產生。雖然五音的起源也不可考，不過據文獻記載，西漢司馬遷的史記中已見五音如何產生的講解，所以最遲至西漢，五音已經普遍流行了。之後數術家將六十甲子和音樂裡的五音相融合，每兩組干支搭配一五音五行，一共三十組，成為納音五行的系統：

甲子、乙丑海中金；丙寅、丁卯爐中火；戊辰、己巳大林木；庚午、辛未路旁土；
壬申、癸酉劍鋒金；甲戌、乙亥山頭火；丙子、丁丑澗下水；戊寅、己卯城頭土；
庚辰、辛巳白臘金；壬午、癸未楊柳木；甲申、乙酉井泉水；丙戌、丁亥屋上土；
戊子、己丑霹靂火；庚寅、辛卯松柏木；壬辰、癸巳長流水；甲午、乙未沙中金；
丙申、丁酉山下火；戊戌、己亥平地木；庚子、辛丑壁上土；壬寅、癸卯金箔金；
甲辰、乙巳覆燈火；丙午、丁未天河水；戊申、己酉大驛土；庚戌、辛亥釵釧金；
壬子、癸丑桑柘木；甲寅、乙卯大溪水；丙辰、丁巳沙中土；戊午、己未天上火；
庚申、辛酉石榴木；壬戌、癸亥大海水。

納音取象的規則與意義

據明代萬民英寫的《三命通會》卷一〈論納音取象〉，敘述十二地支分別代表的意象：

子丑：陰陽剛開始孕育，就像胎兒剛在母親的子宮中成形。萬物藏其根，沒有邊際。

寅卯：陰陽漸漸開展，就像人漸漸成長。物體逐漸成形、智慧趨於成熟，就像人有真實的歷練。

辰巳：陰陽氣變得旺盛，事物正是華秀的時期，像人三十、四十而有立身之地，開始有進取之象。

午未：陰陽開始彰露，物已獨樹一格，像人到五十、六十，已可見命運貴賤、興衰。

申酉：陰陽變為肅殺，物已經收成，像人已龜縮修養，得到一種寧靜。

戌亥：陰陽歸為閉塞，物氣歸根，就像人當休息，各有歸宿。

由此可知，納音取象有一定的規則和象徵意義，所以即使都是五行，也有程度強弱的差別。以「金」為例，規則如下：

氣包藏在深處，像人在母親的子宮中，所以甲子、乙丑取象為**海中金**。

氣息還薄弱但已漸漸穩固，所以壬寅、癸卯是薄薄的**金箔金**；氣變得旺盛，有一定的價值，所以庚辰、辛巳是**白蠟金**。

氣開始彰顯，物性已經成形，混在群體中仍然可以辨識，所以甲午、乙未為**沙中金**。

壬申、癸酉氣盛物極，是金屬功用發揮到極致的**劍鋒金**；最後戌亥是只能收藏、沒有大用處，金的功能已經發揮完畢，所以庚戌、辛亥是**釵釧金**。

其他的五行納音形象都可以用這套模式來看。

納音五行是中國重要的術數理論之一，可以作為擇日的參考依據，也具有斷人命運、判斷行事準則的功能。

例如一九八四年出生的人，以干支來說就是甲子年生，納音屬金，而土生金、火剋金（五行相生相剋請參考24頁），那麼一九八四年出生的人擇日就要選土，並要避開火。每日干支的納音屬性都已經記錄在農民曆上，可以輕易查閱。

由納音五行看命格

想要簡單利用納音五行推測命格？只要依照以下方式算出自己的干支，就可以得出自己的性格與命運唷！

一、請以出生的西元年份的最後一位數，查出出生年的天干（凡是在立春前出生者人，要以前一年的年分來算。立春通常在陽曆的二月四日或五日）。例如：一九八六年生，最後一位數是六，天干是丙。

末位數	0	1	2	3	4	5	6	7	8	9
天干	庚	辛	壬	癸	甲	乙	丙	丁	戊	己

二、以生肖屬相為準，查出自己的地支（記得還是要注意立春的問題）。例如：生肖屬虎，地支為寅。

生肖	鼠	牛	虎	兔	龍	蛇	馬	羊	猴	雞	狗	豬
地支	子	丑	寅	卯	辰	巳	午	未	申	酉	戌	亥

三、取得自己的干支後，對照下表，即可得到自己的命運性格。例如：天干為丙，地支為寅，合併為丙寅，對照下表則命格為「爐中火」。

干支		納音五行	釋意	意涵
甲子	乙丑	海中金	藏在海中深處的黃金。	個性沉穩有才華，但是需要遇到好的機遇，才有機會一展長才，而且往往需要費盡心力，才能夠脫穎而出。這種人深藏心機，一般人不太容易瞭解他。
丙寅	丁卯	爐中火	其一，指的是太陽，代表自然界中的天火；其二是指鍋爐中的火，代表人為的小火。	滿腸熱心，屬悶燒型，成功掌握在自己的手中，成就可大可小。如果個性端正則有機會成功，如果心術不正，就可能成為問題人物。
戊辰	己巳	大林木	從自然界孕育出來的參天巨木。	活力充沛、個性隨和，喜歡與人相處，但是不服輸。意志堅定，可以火力全開地朝目標前進。要特別注意的是，有時候會太顧慮身邊的人，而容易失去自我。
庚午	辛未	路旁土	道路旁的土，可以培養萬物。	心性質樸，不鋪張，這種人潛力無窮、有肚量。如果懂得利用時間充實自己，有機會鴻圖大展，但要是浪費時光，也有可能會一事無成。成敗掌握在自己的手中。

壬申 癸酉	劍鋒金	用金鑄成的劍，鋒芒畢露，屬於利劍的一種。	具卓越的才能，有自我突破的本事。行事果斷、剛毅、有大志向，具備成功的本質，但是有時候會太過激進、鋒芒畢露，反而會壞事。要小心行為上容易傷到他人。
甲戌 乙亥	山頭火	一指落日的彩霞，鮮豔如火；一指森林大火。	內心雖然清醒明朗，可惜時運不佳、隱晦黑暗，這種人需要自我調適，小心過度猜忌和怨恨。個性愛現，但不一定很剛強。
丙子 丁丑	澗下水	谷中湍急的地下水。	喜惡分明，個性急切激烈，愛鑽牛角尖，有點奸詐。能適當發揮專長，所以略有成就。但是心胸狹小，令人難以捉摸。能隨著外在而變化，是能伸能屈的人。
戊寅 己卯	城頭土	古時城鎮為求安全，會依山而建，把山當作天然屏障，這山就是所謂的城頭土。	個性孤芳自賞，很清楚自己的原則，所以做事循規蹈矩，能夠按照計畫行事，有跡可循。但是有時過於意氣用事，雖然有成就大事的機會，但也有可能不得人心。
庚辰 辛巳	白臘金	屬於礦脈中的金屬或是初步提煉的金屬。	個性樸素、純真、爽朗、愛美，缺少定性，具有被人重用的可能。做人直爽，卻不夠細膩，粗獷之中容易得罪人。雖然有聰明的本質，但還需要磨練才能激發光彩。
壬午 癸未	楊柳木	楊柳似柔弱不禁風，實則堅毅不易斷折。	個性看似柔和卻不是脆弱，外柔內剛。忍耐力一流，為人處事圓融大方，又有柔和謙恭的特性。心思縝密，所以會因外在環境而影響情緒，易受外在因素影響而變換抉擇。
甲申 乙酉	井泉水	是清涼潔淨的水，源源不絕。	這種人心思難測，較難捉摸，但是當別人需要幫助時，仍會伸出援手。被動中帶有主動，不愛表現，為了某種目的才會出手。待人處世有分寸。

丙戊	丁亥	屋上土	將特殊的土與水混合燒成，類似屋瓦。	具愛心，執著崗位，盡忠職守，對於許多事情不屈不撓。外表看似強硬，其實內心很脆弱。成功往往須歷經磨難才能得到。
戊子	己丑	霹靂火	在天指的是閃電，在地則是指地震。	這種人思想敏捷、反應迅速，喜歡強出頭，對人忽冷忽熱。架勢十足，就像是讓人印象深刻的雷電，但是必須藉由外力幫助，否則這種閃耀的光芒，也只能曇花一現。
庚寅	辛卯	松柏木	松柏耐寒，顯現堅貞蓬勃的生機。	具備有艱苦中見堅貞的性格和愈挫愈勇的特質。對待自己的標準很嚴格，但卻可寬以待人，忍受力強。不過，有自尊心強、自卑感重的問題，需要多加留意。
壬辰	癸巳	長流水	綿延不絕的流水。	此人有漂泊無依的可能。容易不切實際，好高騖遠，就像是無根的浮萍，個性急躁，容易隨著環境變遷，往往會無法回頭。
甲午	乙未	砂中金	未經提煉的金砂，須經篩選才能成為純金砂。	有發光的可能性，但是須遭遇挫折、困頓，才能有所成就。有虎頭蛇尾、含糊不清的問題，想利用時合作，不想利用就漫不經心，需多加留意，小心錯失良機。
丙申	丁酉	山下火	是落日的餘暉。	有點像是強弩之未，空有其表，多愁善感、好奇心重。但是如果能知所進退及權衡本身實力，則不致流於好高騖遠的遺憾中。
戊戊	己亥	平地木	本身資質好，也在良好環境中成長的樹木。	有才華智慧、固執，屬於虛懷若谷的人。只要循序漸進，就有嶄露頭角的機會；在成功之前，須要好好涵養自己的實力，當機會來臨時，就有飛上枝頭的可能。

庚子	辛丑	壁上土	古時靠「壁上土」黏住磚牆，使屋牆穩固，是一種很有用的土。	個性壁壘分明，總是默默行事，不喜表現，能夠謹守分寸，不爭功諉過，但是非常重面子，很難讓人接觸內心世界。遇強則強、遇弱則弱，所以要慎選朋友。
壬寅	癸卯	金箔金	薄如紙的金箔，通常用來作佛像或其他器物的裝飾用。	可塑性高，可經由磨練而適應於各種職場。個性柔順，自我意識不高。比較無主張，有趨炎附勢的傾向，具有攀附以及潤飾的特質，想增加自己的光彩及名望。
甲辰	乙巳	覆燈火	一指可以籠罩大地的日月光芒；另一是能照耀某一處的燈。	個性光明磊落，不耍心機、熱心，有點悶燒型。有責任感，對於別人的要求不吝於幫忙，具有燃燒自己，照亮別人的特性。
丙午	丁未	天河水	指雨水。	具博愛及公平性，個性急躁。常會弄巧成拙，雖然很努力，但於事無補。雖然公事公辦，但也會有伸出援手的時候。
戊申	己酉	大驛土	成熟土。	個性成熟、穩健、內斂、豁達，雖然聰明，卻十分固執。是個可以肩扛重任的人。只要保持豁達開朗就能有成就，但是如果不夠積極，就容易畫地自限。
庚戌	辛亥	釵釧金	釵是用來簪髮，釧則是臂環、手環，都是裝飾用的金飾。	個性文靜柔順，容易將自己定型，常把精力集中在附和他人，無法拓展自我。比較愛現，虛榮心強，較具功利心。
壬子	癸丑	桑柘木	葉可養蠶，柘樹皮是黃色染料的原料，質地堅韌，是古時弓的材料。	具被動性的熱心，有求才回應，但是往往太過固執。對有興趣的事物積極熱心。只要認同，就會忠於他人的指示。個性剛強，富同情心。

甲寅	乙卯	大溪水	是從山嶺上百水交匯的溪水。	個性急切急躁，不會堅持己見，而能吸收他人的意見而創造出有利的形勢。運勢強時，人生的變化大；運勢弱時則往往表現不佳。具有原則性，但有時會得理不饒人。
丙辰	丁巳	沙中土	由海、河沖積而成的沙洲，屬於新生地。	表面看來鬆散，卻累積許多智慧和經驗。心情或處境常變化多端；運好時像騰雲駕霧，運背時則像龍困淺灘。需要經過一番奮鬥後，才能獲得圓滿結果。難與他人合作。
戊午	己未	天上火	天上發出光芒的日月。	光明磊落、博愛、公正公允。陰柔、和善，具有被動式的愛心。少一份熱忱，情緒起伏有週期。可不顧一切犧牲奉獻，但有時會太固執。
庚申	辛酉	石榴木	耐刀斧砍伐，在艱困環境中生長的一種樹木。	表面看似平靜，內心則常煩惱憂心。常會堅持己見，難以溝通，但是經得起考驗，可以共事。個性倔強陽剛，但是耐性不足。
壬戌	癸亥	大海水	總納百川的汪洋大海。	人生變化起伏大，具有大惡大善、大忠大奸、大福大禍的命格，有機會成就大事業，但失敗也會跌得更深，需要好好自我磨練。個性急躁，時好時壞。

檔案 24

建除十二神的吉凶禍福

建除十二神按順序為：建、除、滿、平、定、執、破、危、成、收、開、閉，一共有十二個，因為起首為「建」、「除」二神，所以常常簡稱為建除十二神。

象徵天道循環

建除十二神象徵天道的循環：「建」立新開始後需「除」舊佈新，在此之下漸漸達成圓「滿」，但需要「平」穩、安「定」才能長久，「執」掌者在建立新事務後會遭遇「破」壞，若能躲避「危」險，就能「成」功、「收」成。萬事都有「開」始和關「閉」（結束），在此循環下，成就了十二神。

十二神的排序法

十二神的排序如下：

各月份月支、日支相同的日子作為建日，一但定下了建日之後的順序就是按照：除、滿、平、定、執、破、危、成、收、開、閉的排序。

例如月令為「丑月」，以「丑日」為建日，當推算出當月的建日之後，之後的日支再依序配上後十一位神祇的名字，如今在農民曆上的每日欄目都有清楚的標識，無需自行推算。

建日是一個月之中最好的日子；破日則是一個月之中最凶的日子，以這兩日為基準，愈靠近建日的日子愈好；愈靠近破日的日子愈壞，由此來判別其他日子的吉凶強弱。

例外的值日情形

為了符合建日的原則，月支、日支要相同。所以在立春、驚蟄、清明、立夏、芒種、小暑、立秋、白露、立冬、大雪、小寒等十二個節氣，前一日的值日之神，會在節氣當日再重複一次，這樣才能符合排序的原則。

所以這十二個節氣的建除十二神值位，算是特例。

十二神的吉凶宜忌

- **建日：**此日萬物生育，利於建立、建設、開創。要求職投履歷，選本日就對了。

宜：赴任、祈福、求嗣、破土、安葬、修造、入學、結婚、動土、簽約、出行。

忌：乘船、新船下水、新車下地、維修水電、維修器具。

除日：除舊佈新、除霉去惡的日子。久病尋求良醫，最好在此日。

宜：祭祀、祈福、出行、搬遷、出貨、動土、求醫、交易。

忌：結婚、赴任、簽約。

滿日：美好、圓滿、豐收的日子。民間認為此日天帝寶庫積滿，若小孩要拜乾爹乾媽，或是異姓兄弟要結拜，可選今日。

宜：嫁娶、開市、交易、求財、立契、祭祀、出行、牧養。

忌：喪葬、赴任、求醫。

平日：平穩、平安的日子，不特別好但也不壞。

宜：宜嫁娶、移徙、建造、修飾屋宇（塗壁）等。

忌：栽種、掘溝。

定日：安定、平常、入定之日。民間認為是天帝眾客定座的日子，若在這天打官司可就不妙了。

宜：祭祀、祈福、嫁娶、造屋、裝修、修路、開市、入學、上任。

忌：訴訟、出行、交涉。

執日：執行、履行之日。是跟隨著破日的從神，是較差的日子，卻是執法人員擒拿罪犯最好時候。

宜：造屋、裝修、嫁娶、收購、立契、祭祀。

忌：開市、求財、出行、搬遷。

破日：破敗、破碎的日子。日月相衝，主破壞，諸事不宜，唯求醫、拆卸適宜。

宜：破土、拆卸、求醫。

忌：嫁娶、簽約、交涉、出行、搬遷。

危日：危險、危難、危機，諸事不宜之日，最忌登高冒險，山友們要注意安全或避開此日登山。

宜：拆卸、破土。

忌：登山、乘船、出行、嫁娶、造葬、遷徙。

成日：成功、成就的日子，凡事皆順，唯一不適合打官司。

宜：結婚、開市、修造、動土、安床、破土、安葬、搬遷、交易、出行、立契。

忌：訴訟。

收日：收成、收獲的日子。民間認為是天帝寶庫收納的日子。

宜：祈福、求嗣、嫁娶、安床、修造、動土、開市、交易、買賣、立契。

忌：喪儀、出行、求醫。

開日：開始、開展的好日子，唯一不適合埋葬，主大凶。

宜：祭祀、祈福、入學、上任、修造、動土、開市、安床、交易、出行。

忌：安葬、破土。

閉日：閉塞、封閉的日子。建除十二神中的最後一日，屬於天地陰陽閉塞的日子，埋葬很適合，最不適合求醫、外出經商、上任就職。

宜：埋穴、立牌。

忌：開市、出行、求醫、手術、嫁娶等，諸事不宜。

對現代人來說，每日要這樣依據所值神祇的吉凶宜忌辦事，不容易辦到也不科學。但是透過對這類民俗文化的認識，可以一窺古人敬天畏地的行事準則，也算是「文化學習」的一部分。

檔案 25

每日的吉、凶、宜、忌怎麼看？

擇日最重要的目標就是選到帶來好運勢的好日子，須評估每日有哪些神煞，運作的軌跡、每日吉凶的輕重、影響力的大小，以斷定此日的吉凶。

參考農民曆選好日子

翻農民曆主要就是為了趨吉避凶，挑個良辰吉日來行事。專家擇日可能還會依不同事宜考慮生辰、生肖或座向等等，但一般人擇日的方法大致如下：

1 根據所要辦理的事情，尋找最適宜的吉神，以及最忌諱的凶神，據以趨吉避凶。

2 推算出善神所值之日與所理之方，這便是你所需要的黃道吉日與吉方。

3 推算出凶神惡煞所值之日與所理之方，這便是你所需避忌的黑道凶日與凶方。這樣就可以獲得適合行事的吉日，有預祝事情圓滿達成的好兆頭。

農民曆小辭典

吉：好的，有利，幸福。
凶：不幸的，不吉祥的。
宜：適合，適當。今日適合做的事。
忌：害怕，畏懼，禁戒。今日不宜做的事。

吉凶之日如何判斷

後世的擇日方法是由歷史傳承的文史資料、經驗累積交織而成的龐大系統演化而來的，時至今日，神煞的數目繁多，每日的吉凶宜忌也都不相同，幾乎同一個時間都有宜忌同時存在的矛盾情形。

根據《協紀辨方書》提到：「凡吉足勝凶，從宜不從忌；凡凶吉相抵，德喜之事仍忌。」可見擇吉是可以變通的，如果凡事遇凶皆避，則處處綁手綁腳；日日無好日可循。所以應該有一種取捨原則和應變方法，才不會落於窠臼。原則如下：

- 吉大於凶，從宜，不從忌。
- 吉足抵凶，遇德，從宜不從忌；不遇德，從宜亦從忌。
- 吉不抵凶，遇德，從宜不從忌；不遇德，從忌不從宜。

- 凶勝於吉，遇德，從宜不從忌；不遇德，從忌不從宜。
- 凶又逢凶，遇德，從忌不從宜；不遇德，諸事皆忌。
- 凶疊大凶，遇德仍諸事皆忌。不管凶的大小輕重，一概迴避。

所以按照農民曆的神煞系統來看日子，你一定會發現一時間內同時有吉神和凶神的情況，此時就要看兩者之間的數量多寡和力量大小；若吉神數量多於凶神，力量也比凶神強大，那就是不錯的日子。

擇日的變通法

按照這套擇日辦法，若恰好遇到不好的年月日，那不是什麼事都不能做了嗎？

古人當然也不可能過於墨守成規，因此，擇日的變通的方法是若遇年凶，就選擇吉月；月凶則選吉日，日凶還可以選吉時！如果碰巧無論年、月、日、時真的都是凶象，你也恰好必須在那個時間點完成某事，就可以選擇「吉方」來破解。

凶日出門的變通法

當事情非常急迫，無法挑選好日子來執行時，《通書》裡曾提到一種「四縱五橫法」的變通方式，供大家做個參考：

在出門前，兩腳併攏站直，用手敲牙齒三十六下後蹲下，再用右手大拇指劃地，先劃四條縱線，再劃五條橫線，劃完念咒七遍：「四縱五橫，吾今出行，禹王衛道，蚩尤避兵，盜賊不得起，虎狼不得行，還歸故鄉。擋我者死，逆我者亡。急急如九天玄女律令。敕。」念完咒語後，用一些土壓在「四縱五橫」之上，即可出家門。百步之內不要回頭，就可以平安無事。

檔案26

一定要懂的擇日術語！

挑日子最簡單的方式就是查考農民曆當天的宜忌選項。只要能夠分辨欄位裡名詞所代表的意義，你也可以輕鬆的自行擇日。

生活類

分居：分家並另起爐灶，亦適用於分爐的出火、安香。

出行：遠行、旅行、觀光遊覽、業務考察。

安香：安放神像或祖先的牌位。須要持續燒香三天，象徵吉利。

求醫：適宜看病、治療及動手術。

牧養：適宜豢養動物。

赴任：新職就任的事宜。

宜 訂婚 納財 裁衣 除服 會友 啟攢 安機 火化 雕刻 進塔 拆卸 安葬 裝潢 上樑 蓋屋 立券 ●刀砧日 ●忌上任入宅
宜 祭祀 安床 開光 入宅 祈福 安香 訂婚 開市 裁衣 立券 嫁娶 除服 會友 啟攢 拆卸 安火葬 裝潢 上樑 ●刀砧日
宜 祭祀 作灶 納財 入殮 ●忌嫁娶安床入宅開市
宜 祭祀 伐木 開光 拆卸 祈福 裝潢 上任 上樑 剃頭 安灶 裁衣 立券 冠笄 交易 嫁娶 會友 進人 ●忌入殮安葬
宜 入殮 火化 除服 進塔 啟攢 安葬 ●受死日忌吉喜事惟喪事不忌
宜 祭祀 安床 祈福 開市 求嗣 納財 解除 教牛馬 訂婚 裁衣 會友 雕刻 豎柱 上梁 ●忌上任嫁娶入宅納畜
宜 祭祀 除服 開光 啟攢 祈福 火化 求嗣 進塔 齋醮 安葬 解除 謝土 嫁娶 開市 立券 入殮 ●忌上梁入宅安床

剃頭：初生嬰兒剃頭或削髮為僧尼。
習藝：學習特殊技藝，行拜師禮。
栽種：栽種植物或接枝。
納畜：買入家畜、家禽、寵物等。
捕捉：撲滅家中鼠蟻或農作物的害蟲生物。
解除：清掃家裡、解除災厄等事。
會親友：適宜會友，宴請、拜訪親友。

婚姻類

安床：新婚安置新床。如果事業不順或長年不孕，也會重新安床改運。
合帳：舊指製作新人的床帳，今應指安置窗簾。
訂盟：俗稱訂婚、文定。
冠笄：男稱弱冠，女稱及笄，為十六歲青少年所舉行的成年禮儀式。
問名：男女各取年庚供於神案；過三天無事，再議訂婚、嫁娶等事。
納采：收授聘金，俗稱完聘、大定。
納婿：同嫁娶，男方入贅到女方家為婿。
進人口：指收養子女，或認乾兒子、乾女兒。

裁衣：裁製新娘的新衣，或做壽衣。

嫁娶：舉行結婚典禮迎親的日子。女方言嫁出，男方言娶入。

歸寧：新婚後，新娘與新郎第一次回娘家。

營建類

入宅：遷入新居。

上梁：建造新房屋，裝上建築物屋頂的大樑，或指屋頂之灌漿。

平整：鋪修馬路等道路上的工程。

立向：各種興造的工程事務。

安門：新建房屋、裝設門戶等工事。

修造：僅指陽宅的改建與修繕，或整修倉庫。

破屋：拆除房屋或圍牆。

破土：指陰宅埋葬等事。

掘井：築溝渠、開魚池、鑿水井、建池塘等。

移徙：指遷移住所之意，俗稱搬家。

開山：舉凡要動土的興造工程都可以稱為開山。

動土：指陽宅、工程、建築物開始動工。

補垣：堵塞洞穴、填坑、覆井。

豎柱：豎立建築物的柱子。

工商類

立契、立券、交易：各項交易，訂各種契約、互相買賣的事。

安機械：適宜安裝機械及試車。

納財：五穀入倉，商人置貨、收租、收帳、討債、購屋置產等。

造車器、造舟船：製造陸路水路的交通工具，也適合交新車、新船。

開倉：商人出貨、銷貨、放債、貸款等事項。

開市：新公司行號開業、開幕。年初頭一天開張、開業。

掛匾：各種商店、企業掛招牌、匾額。

經絡：織布、收蠶、安紡車、安機器。

祭祀類

出火：「火」指「香火」。移動爐火，就是移動神位的意思。

求嗣：向神明祈求後嗣，希望能有下一代子孫。

沐浴：祈福、設醮或還願時要清潔身體。

祈福：祈求神明降福、酬謝神明或設醮還願等事。

造廟：建造寺、廟、觀、堂等。

祭祀：在祠堂祭拜祖先或到廟宇祭拜神明等事項。

設醮：建立道場做祈福等事。做「三醮」指做三日，做「五醮」指做五日。

開光：佛像塑成後，要安座前的點眼儀式，供奉上位的事情。

普渡：祭祀、超度陰界的鬼魂。

酬神：還願，答謝神恩。

塑繪：寺廟雕刻神像，畫繪神像等事。

齋醮：廟宇建醮前需舉行的齋戒儀式。

喪葬類

入殮：將屍體放入棺材、蓋棺之意。

立碑：豎立墓碑或紀念碑。

安葬：埋葬棺木或將骨盆放入墓穴的進金（骨）儀式。

行喪：到喪家慰問遺族，喪葬各項事務的總稱。

成服：穿上喪服。

合壽木：人生前先準備棺木的事。

啟鑽：洗骨，俗謂拾金（撿骨）。

除服：脫下喪服。

修墳：修繕墳墓等事。

破土：埋葬、陰宅墓地破土，與陽宅的動土是相對的。

移柩：行葬儀時，將棺木移出屋外之儀式。

開生墳：在生前先找地作墳墓。

謝土：大修土木之後，所舉行的祭祀，像是新建寺廟、大廈、墳墓等。

以上是先民匯集了一些他們特別會看日子的項目，如嫁娶、喪葬、祭祀等事項。不過有些項目已經不合時宜，如經絡、剃頭等，現在一般民眾已經不會特別重視了，但至今當逢人生大事，如遇紅、白包等，多數人還是會參考農民曆，特別挑個好日子。

檔案27

每日沖煞怎麼看？

在農民曆宜忌事項欄的下方，會註明每日的沖煞和吉凶，提醒民眾今天的日子對相沖煞的年齡、生肖者較不利，需要小心謹慎，讓生活可以更加圓滿順利。

「沖煞」是什麼意思？

有些電視臺的農間新聞會介紹當天的農民曆，其中就包含本日的沖煞對象。對現代人來說，雖常聽說「沖煞」一詞，但不一定了解它所代表的意思。「沖煞」代表方向對衝，不吉利。因此在當日沖煞的年齡生肖者，適合保守潛藏，不可任意妄為，沖煞的方位要小心避免衝突，以求得平安。

沖虎23	歲煞南
沖牛24	歲煞西
沖鼠25	歲煞北
沖豬26	歲煞東
沖狗27	歲煞南
沖雞28	歲煞西
沖猴29	歲煞北
沖羊30	歲煞東
沖馬31	歲煞南

依照之前的納音五行表，可以得知干支所屬的五行，仍然保有五行相剋的規則，因此金沖木則木

輸、木沖土則土敗、土沖水則水衰、水沖火則火弱、火沖金則金退，因此雖然相沖，但是還有大小之分，只要不是正對沖還影響不大，要是正對沖，則可能厄運臨門。

生肖年齡遇上沖煞日並不代表就要躲在家中，只是需要多加小心，不過沖煞的排列科學根據不強，許多人已不再認真參考。

每日沖煞的規律模式

方位	沖煞日、年齡、生肖				
煞南	甲子日沖戊午馬	丙子日沖庚午馬	戊子日沖壬午馬	庚子日沖甲午馬	壬子日沖丙午馬
煞東	乙丑日沖己未羊	丁丑日沖辛未羊	己丑日沖癸未羊	辛丑日沖乙未羊	癸丑日沖丁未羊
煞北	丙寅日沖庚申猴	戊寅日沖壬申猴	庚寅日沖甲申猴	壬寅日沖丙申猴	甲寅日沖戊申猴
煞西	丁卯日沖辛酉雞	己卯日沖癸酉雞	辛卯日沖乙酉雞	癸卯日沖丁酉雞	乙卯日沖己酉雞
煞南	戊辰日沖壬戌狗	庚辰日沖甲戌狗	壬辰日沖丙戌狗	甲辰日沖戊戌狗	丙辰日沖庚戌狗
煞東	己巳日沖癸亥豬	辛巳日沖乙亥豬	癸巳日沖丁亥豬	乙巳日沖己亥豬	丁巳日沖辛亥豬
煞北	庚午日沖甲子鼠	壬午日沖丙子鼠	甲午日沖戊子鼠	丙午日沖庚子鼠	戊午日沖壬子鼠
煞西	辛未日沖乙丑牛	癸未日沖丁丑牛	乙未日沖己丑牛	丁未日沖辛丑牛	己未日沖癸丑牛
煞南	壬申日沖丙寅虎	甲申日沖戊寅虎	丙申日沖庚寅虎	戊申日沖壬寅虎	庚申日沖甲寅虎
煞東	癸酉日沖丁卯兔	乙酉日沖己卯兔	丁酉日沖辛卯兔	己酉日沖癸卯兔	辛酉日沖乙卯兔
煞北	甲戌日沖戊辰龍	丙戌日沖庚辰龍	戊戌日沖壬辰龍	庚戌日沖甲辰龍	壬戌日沖丙辰龍
煞西	乙亥日沖己巳蛇	丁亥日沖辛巳蛇	己亥日沖癸巳蛇	辛亥日沖己巳蛇	癸亥日沖丁巳蛇

28 檔案

胎神的禁忌要遵守嗎？

胎神的傳說源自於古人相信胎兒會受到胎神的保佑與照顧，從孕婦懷胎開始到生產後的百日之內，都有胎神常在左右，可能在孕婦房間，也可能在孕婦周遭的器物上。

古時胎神存在的意義

中國傳統家庭有「多子、多孫、多福氣」的概念，因此負責保護胎兒的胎神被賦予了舉足輕重的支配權力。在醫療、科學不甚發達的年代，民間利用胎神解釋許多懷孕過程的現象和狀況，一方面也累積生活上的許多經驗，成為孕婦及家人行事的依歸和準則，因而產生許多禁忌。例如胎神每日的位置所在，不可以隨意敲打或是移動物件，以免對胎兒不利，甚至造成孕婦的流產。

胎神每月所在的位置

正月房床，二月戶窗，三月門堂，四月廚灶，五月身床，六月床倉，七月碓磨，八月廁戶，九月門房，十月房床，十一月灶爐，十二月房床。

每日胎神占方小辭典

占	停留。
棲	同棲息的「棲」字，停息的意思。
房	指房屋內所有的房間和傢俱擺設。
床	指屋內所有的床鋪。
戶窗	戶指單扇門的窗；窗指雙扇門的戶。
門堂	指屋內外的大門、廳堂。
廚灶	指廚房和爐灶。
倉	指囤積物品的倉庫。
碓	（ㄉㄨㄟˋ）指擣米穀的器具。
磨	指一種用來磨碎穀粒的器具。
爐	指供燃燒用的設備、器具。
灶	以磚土石塊砌成，用來生火烹飪的設備。
廁	指廁所。

胎神的占方規則

仔細觀察農民曆敘述胎神會出現的地方，其實都是有道理可循的：傳統婦女大門不出、二門不邁，所以這些胎神占方都是出現在「家」的範圍裡面。

傳統社會「女主內」，房間、廚房成了女性的工作場合，但也因此許多意外最容易在這些場所產生。不論是在房內做女紅、在廚房做家事，或是一般農婦在住家附近設的豬圈、牛棚裡工作時，都有可能影響腹中的胎兒。所以在生活經驗的累積下，加上中國豐富的民間各式神鬼信仰，藉由胎神解釋這些胎兒的命運便可以理解。

胎神所處的方向有兩個規則：

- **外正方、外方：**房屋外的方向，包含外正東、外正南、外正西、外正北、外東南、外東北、外西南、外西北。
- **房內方：**房屋內的方向，包含房內東、房內南、房內北。

每日胎神占方的規則

日子	地點	位置	日子	地點	位置
甲子日	占門碓	外東南	已丑日	碓磨廁	外東南
丙寅日	廚灶爐	外正南	丁卯日	門倉庫	外正南
戊辰日	房床廁	外正南	己巳日	占門床	外正南
庚午日	占碓磨	外正南	辛未日	廚灶廁	外西南
壬申日	倉庫爐	外西南	癸酉日	房床門	外西南
甲戌日	門碓栖	外西南	乙亥日	碓磨床	外西南
丙子日	廚灶碓	外西南	丁丑日	倉庫廁	外正西
戊寅日	房床爐	外正西	己卯日	占大門	外正西

庚辰日	壬午日	甲申日	丙戌日	戊子日	寅庚日	壬辰日	甲午日	丙申日	戊戌日	庚子日	壬寅日	甲辰日	丙午日	戊申日	庚戌日	壬子日	甲寅日	丙辰日	戊午日
碓磨栖	倉庫碓	占門爐	廚灶栖	房床碓	碓磨爐	倉庫栖	占門碓	廚灶爐	房床栖	占碓磨	倉庫爐	門碓栖	廚灶碓	房床爐	碓磨栖	倉庫碓	占門爐	廚灶栖	房床碓
外正西	外西北	外西北	外西北	外正北	外正北	外正北	房內北	房內北	房內北	房內南	房內南	房內東	房內東	房內東	外東北	外東北	外東北	外正東	外正東
辛巳日	癸未日	乙酉日	丁亥日	己丑日	辛卯日	癸巳日	乙未日	丁酉日	己亥日	辛丑日	癸卯日	乙巳日	丁未日	己酉日	辛亥日	癸丑日	乙卯日	丁巳日	己未日
廚灶床	房床廁	碓磨門	倉庫床	占門廁	廚灶門	占房床	碓磨廁	倉庫門	占門床	廚灶廁	房床門	碓磨床	倉庫廁	占大門	廚灶床	房床廁	碓磨門	倉庫床	占門廁
外正西	外西北	外西北	外西北	外正北	外正北	房內北	房內北	房內北	房內南	房內南	房內南	房內東	房內東	外東北	外東北	外東北	外正東	外正東	外正東

庚申日	碓磨爐	外東南	辛酉日	廚灶門	外東南
壬戌日	倉庫栖	外東南	癸亥日	占房床	外東南

胎神禁忌一定要遵守嗎？

- 不能移床，只能移床墊，否則會動到胎神。
- 不能有宰殺動物等殺生行為。因為此時孕婦肚中有新生命，而殺生是消滅另一個生命，會褻瀆神明而傷到胎兒。
- 如果孕婦在室內綁東西，就會生出十指不能伸直的孩子。
- 孕婦不可用針或錐子來扎布或紙，萬一碰到了胎神，就會生出瞎眼的孩子。
- 孕婦不可搬桌子、釘釘子，屋內裝潢、整修都不適合，生出的小孩可能會有缺陷。
- 孕婦通常不適合參加婚宴，因為這樣會犯到喜煞。但若是參加叔叔、姑姑等屬同一祖先庇祐的喜事則是雙喜，就沒有禁忌了。
- 孕婦寢室忌肖虎者進入，老虎是凶猛動物，肖虎者進入寢室會吞食孕婦腹中的胎兒。

雖然上述的禁忌看似落伍、迷信，現在許多孕婦都不會遵守了，不過在古代，這些其實是有道理可言的。

舉例來說，傳統婦女要操持家務、勞務，所以孕婦藉此可以稍事休息；而且針線、剪刀銳利，容易傷人，因此懷孕期間會禁用這些女工用具。

在懷孕階段家庭還要整修搬動，也容易造成還不穩定的懷孕初期流產；除此之外，婚喪喜慶是人多的地方，飲食衛生不好掌控，容易有傳染病傳播，由此看來，其實這些懷孕禁忌都還是隱含著某些生活智慧的。

古時醫療不發達、生活水準不高，要順利完成懷孕生育的階段是不容易的，因此會特別重視孕期。雖說許多關於胎神的忌諱不盡科學，但是提醒懷孕的婦女們對自己多一分保護和注意，這種觀念直到今日仍然適用。

問神達人王崇禮的
農民曆小補帖

如果真的需要移動居家陳設，能不驚動胎神嗎？

婦女在懷孕階段如果不可避免需要移動居家陳設，但又怕驚動胎神的話，建議不妨請孕婦先行離開現場之後，再開始進行移動居家陳設、擺設、刷新牆面，以及敲打、鑿釘等等的作業。

此外，如果不可避免非得拿剪刀裁剪的話，剪刀刀口要由內往外剪，千萬不可由外往內剪（剪向自己的方向）。

家畜也有胎神？

豬、牛、羊都是傳統農業社會中很重要的家畜，因此除了人的胎神以外，古人也創造出其他家畜的胎神——豬胎神、牛胎神和羊胎神等，顯示出對胎神的崇拜。每日胎神的值位皆不相同，飼主需要按日行事。

Part 3

用對農民曆帶來好運氣

古人創造農民曆，主要目的就是為了「挑好日、過好日」。直到今天，雖然現代人已經不可能照著農民曆上的指示過每一天，但與農民曆相關的算命、開運、風水、養生的概念仍深植於華人社會，影響著許多人的生活習慣與民生選擇，是最有影響力的傳統文化之一。想當好命人的你，對於老祖宗的智慧，可別一無所知！

用對農民曆算好命

檔案 29

八字的輕重關乎命運？

農民曆中的「袁天罡秤骨術」，是現今最廣為流傳的八字斤兩計算法，但因為過於簡略，準確度也非常低，多數人只是當做參考而已。

八字是什麼？

中國算命方法雖多，但八字論命是華人社會裡公認的主流基礎，所謂「八字」，就是一個人的「出生年、月、日、時」等資料（即出生的年干、年支、月干、月支、日干、日支、時干和時支，共八個字，此用法據說始於宋朝的徐子平），再搭配上易經、陰陽五行、天文星象學、統計學、心理學等資料，成為一套中國人最常用的算命方式。

至於農民曆中列出的八字斤兩計算方式——現今廣為流傳的「袁天罡秤骨術」，則採用個人的陰曆生辰、根據年月日分別的干支訂下相對應的八字重量，以古代單位幾兩幾錢來表示，接著參照類似籤詩的《秤骨歌》來解釋命與運。

袁天罡秤骨術

袁天罡確切的生卒年不詳，大概是初唐時的益州成都（今四川）人，是當時著名的相士、天文星相家、預言家，善風鑒，屢次都能預知未來，曾在隋朝當鹽官令。他的預言能力在隋末唐初非常有名，頗受唐太宗的賞識。著有《推背圖》、《六壬課》、《五行相書》、《秤骨論命》等，另有《易鏡玄要》一卷已經失傳，對後代的易學發展的影響極為深遠。

袁天罡的身世雖然不明，但是在一些文獻資料中可以看見這位知名相士的身影。

《舊唐書．方伎列傳》中記載，袁天罡曾經幫當時仍在襁褓中女扮男裝的武則天相面，他說：「**必若是女，實不可窺測，後當為天下之主矣！**」間接算中武則天後來貴為一代女王的命運。此外，也有傳聞他和司天監李淳風合著《推背圖》一書，此書預言了唐後的朝代更迭、興亡榮敗，成了中國著名的預言書。

推背圖的由來

與袁天罡合著《推背圖》的李淳風，是唐代出名的數學家和天文學家。據傳他和袁天罡常常談《周易》，一人說一人畫，成了幾十幅的圖像，每圖和卦相連，還有隱喻的讖語。傳說李淳風當時正靈感大發，不能停筆，是袁天罡從背後推了他一把，認為天機不可洩漏太多，到此為止就夠了，因此這本書被稱為《推背圖》。

有關袁天罡的各項傳聞，至今已經多所分歧；至於他所發明的「秤骨論命」，如今已成為現在八字學說的附屬，一般民眾常好玩看熱鬧，拿來當作參考，但是專業人士則比較不常使用。

你的八字有多重？

①先找出自己生年干支的重量（生年干支換算法請見129頁）

生肖	干支：重量				
鼠	甲子：一兩二錢	丙子：一兩六錢	戊子：一兩五錢	庚子：七錢	壬子：五錢
牛	乙丑：九錢	丁丑：八錢	己丑：八錢	辛丑：七錢	癸丑：七錢
虎	丙寅：六錢	戊寅：八錢	庚寅：九錢	壬寅：九錢	甲寅：一兩二錢
兔	丁卯：七錢	己卯：一兩九錢	辛卯：一兩二錢	癸卯：一兩二錢	乙卯：八錢
龍	戊辰：一兩二錢	庚辰：一兩二錢	壬辰：一兩	甲辰：八錢	丙辰：八錢
蛇	己巳：五錢	辛巳：六錢	癸巳：七錢	乙巳：七錢	丁巳：六錢
馬	庚午：九錢	壬午：八錢	甲午：一兩五錢	丙午：一兩三錢	戊午：一兩九錢
羊	辛未：八錢	癸未：七錢	乙未：六錢	丁未：五錢	己未：六錢
猴	壬申：七錢	甲申：五錢	丙申：五錢	戊申：一兩四錢	庚申：八錢
雞	癸酉：八錢	乙酉：一兩五錢	丁酉：一兩四錢	己酉：五錢	辛酉：一兩六錢
狗	甲戌：一兩五錢	丙戌：六錢	戊戌：一兩四錢	庚戌：九錢	壬戌：一兩
豬	乙亥：九錢	丁亥：一兩六錢	己亥：九錢	辛亥：一兩七錢	癸亥：七錢

②再找出生年月份的重量

正月	二月	三月	四月	五月	六月	七月	八月	九月	十月	十一月	十二月
六錢	七錢	一兩八錢	九錢	五錢	一兩六錢	九錢	一兩五錢	一兩八錢	八錢	九錢	五錢

③再找出生年日期的重量

初一	初二	初三	初四	初五	初六	初七	初八	初九	初十	十一	十二	十三	十四	十五
五錢	一兩	八錢	一兩五錢	一兩六錢	一兩五錢	八錢	一兩六錢	八錢	一兩六錢	九錢	一兩七錢	八錢	一兩七錢	一兩
十六	十七	十八	十九	廿	廿一	廿二	廿三	廿四	廿五	廿六	廿七	廿八	廿九	三十
八錢	九錢	一兩八錢	五錢	一兩五錢	一兩	九錢	八錢	九錢	一兩五錢	一兩八錢	七錢	八錢	一兩六錢	六錢

④再找出生時辰的重量〔地支時刻對照請見32頁〕

子	丑	寅	卯	辰	巳	午	未	申	酉	戌	亥
一兩六錢	六錢	七錢	一兩	九錢	一兩六錢	一兩	八錢	八錢	九錢	六錢	六錢

⑤將上述重量相加以後得出總數，再參考對應的秤骨歌

重量	命評	歌謠
二兩一	一生衣食奔波勞碌之命	短命非業謂大凶，平生災難事重重；凶禍頻臨陷逆境，終世困苦事不成。
二兩二	幼年勞碌中年清泰之命	身寒骨冷苦伶仃，此命推來行乞人；勞勞碌碌難度日，終年打拱過平生。

二兩三	先難後易出外求人之命	此命推來骨格輕，求謀作事事難成；妻兒子女應難許，別處他鄉作散人。
二兩四	智巧多能離家求食之命	此命推來福祿無，門庭困苦總難榮；六親骨肉皆無靠，流浪他鄉作老翁。
二兩五	身閒心不閒九流藝術之命	命推來福祖業微，庭困營度似稀奇；六親骨肉如冰炭，一世勤勞自把持。
二兩六	先貧後富勞碌之命	平生衣祿苦中求，獨自營謀事不休；離祖出門宜早計，晚來衣食自無憂。
二兩七	聰明近貴衣祿之命	一生做事少商量，難靠祖宗作主張；獨馬單槍空做去，早年晚歲總無長。
二兩八	自卓為人才能近貴之命	一生行事似飄蓬，祖宗產業在夢中；若不過房改名姓，也當移徙二三通。
二兩九	客商才能達變智慧之命	初年運限未能通，縱有功名在後成；須過四旬才可立，移居改姓始為良。
三兩	衣食有餘近貴成家之命	勞勞碌碌苦中求，東奔西走何日休；若能終身勤與儉，老來稍可免憂愁。
三兩一	先貧後富近貴衣食足用之命	忙忙碌碌苦中求，何日雲開見日頭；難得祖基家可立，中年衣食漸無憂。
三兩二	性巧過人衣食到老近貴之命	初年運蹇事難謀，漸有財源如水流；到得中年衣食旺，那時名利一齊收。
三兩三	衣食豐滿富貴根基之命	早年做事事難成，百計勤勞枉費心；半世自如流水去，後來運到始得金。

〔編注：一兩等於十錢〕

三兩四	財穀有餘主得內助富貴之命	此命福氣果如何，僧道門中衣祿多；離祖出家方為妙，朝晚拜佛念彌陀。
三兩五	先難後易過房入贅近貴之命	生平福量不周全，祖業根基覺少傳；營事生涯宜守舊，時來衣食勝從前。
三兩六	超群拔類衣祿厚重之命	不須勞碌過平生，獨自成家福不輕；早有福星常照命，任君行去百般成。
三兩七	聰明富貴有福壽之命	此命般般事不成，弟兄少力自孤行；縱然祖業雖微有，來得明時去不明。
三兩八	財帛豐厚宜稱之命	一生骨肉最清高，早入黌門姓名標；待到年將三十六，藍衣脫去換紅袍。
三兩九	利上近貴有福有祿之命	此命少年運不通，勞勞做事盡皆空；苦心竭力成家計，到得那時在夢中。
四兩	富貴近益生匯鼎盛機關之命	平生衣祿是綿長，件件心中自主張；前面風霜多受過，後來必定享安康。
四兩一	稅戶近貴專才衣祿之命	此命推來是不同，為人能幹異凡庸；中年還有逍遙福，不比前年運未通。
四兩二	兵權有職富貴才能之命	得寬懷處且寬懷，何用雙眉皺不開；若使中年命運濟，那時名利一齊來。
四兩三	財祿厚重白手成家之命	為人心性最聰明，作事軒昂近貴人；衣祿一生天數定，不須勞碌是豐享。
四兩四	才能好學近貴財祿之命	萬事由天莫苦求，須知福祿賴人修；中年財帛難如意，晚景欣然便不憂。
四兩五	福祿豐盈極富且貴之命	名利推來竟若何，前番辛苦後奔波；命中難養男與女，骨肉扶持也不多。

四兩六	富貴有餘福壽雙全之命	東南西北盡皆通，出姓移居更覺隆；衣祿無虧天數定，中年晚景一般同。
四兩七	高官厚祿學業飽滿之命	此命推來旺末年，妻榮子貴自怡然；平生原有滔滔福，可有財源若水泉。
四兩八	官員財祿厚重之命	幼年運道未能通，若是蹉跎命不同；兄弟六親皆無靠，一身事業晚來隆。
四兩九	性巧精乖倉庫財祿之命	此命推來福不輕，自成自立顯門庭；從來富貴人親近，使婢差奴過一生。
五兩	文武才能財穀豐富之命	為利為名終日勞，中年福祿也多遭；老年自有財星照，不比前番目下高。
五兩一	官職財祿榮民富貴之命	一世榮華事事通，不須勞苦自亨通；弟兄叔侄皆如意，家業成時福祿宏。
五兩二	掌握兵權富貴長壽之命	一世亨通事事能，不須勞苦自然能；宗族欣然福祿多，家業豐亨自稱心。
五兩三	僧道門中近貴之命	此格推來福祿宏，興家發達在其中；一生衣食安排定，卻是人間一富翁。
五兩四	有權威富貴財祿之命	此命推來厚且清，詩書滿腹功業成；豐衣足食自然穩，正是人間有福人。
五兩五	官職財祿豐堅之命	走馬揚鞭爭利名，少年做事費評論；一朝福祿源源至，富貴榮華顯六親。
五兩六	官職長享榮華富貴之命	此格推來禮義通，一生福祿用無窮；甜酸苦辣皆嚐過，財源滾滾穩且通。
五兩七	官職文章壓眾精通之命	福祿豐盈萬事全，一生榮耀顯雙親；名揚威振人欽敬，處世逍遙似神仙。

五兩八	官祿旺相才能性直富貴之命	平生福祿自然來，名利兼全福壽偕；雁塔題名為貴客，紫袍玉帶走金階。
五兩九	官職財祿厚重之命	細推此格秀且清，必定財高學業成；甲第之中應有分，揚鞭走馬顯威榮。
六兩	官職榮華福壽財祿之命	一朝金榜快題名，顯祖榮官大器成；衣食自然豐裕足，田園財帛更豐盈。
六兩一	官掌風雷權柄之命	不作朝中金榜客，官為世上一財翁；聰明天賦經書熟，名顯高科自是榮。
六兩二	官職有權柄之命	此命生來福不窮，讀書必定顯親族；紫衣金帶為卿相，富貴榮華皆可同。
六兩三	指揮太守萬戶封侯之命	命主為官福祿長，得來富貴定非常；名題雁塔傳金榜，顯耀門庭天下揚。
六兩四	官職尚書侍郎之命	此命威權不可當，紫袍金帶坐高堂；榮華富貴誰能及，百世留名姓氏揚。
六兩五	威權無盡財福祿全之命	細推此命福不輕，富貴榮華孰與爭；定國安邦榮品人，威聲顯赫四方聞。
六兩六	公侯駙馬丞相之命	此格人間一福人，堆金積玉滿堂春；從來富貴由天定，金榜題名謁聖君。
六兩七	冠世萬國來朝上格之命	此命生來福自宏，田園家業最高隆；平生衣食豐盈足，一世榮華萬事通。
六兩八	溫和幸福富貴極吉之命	福貴由天莫苦求，萬金家計不須謀；十年不比前番事，祖業根基水上舟。
六兩九	受職高位功名顯達之命	君是人間衣祿星，一生富貴眾人欽；縱然福祿由天定，安享榮華過一生。

七兩	權力俱備志望上流之命	此命推來福非輕，不須愁慮苦勞心；一生天定衣與祿，富貴榮華主一生。
七兩一	大志大業勢如破竹之命	此命生成大不同，公侯卿相在其中；一生自有逍遙福，富貴榮華極品隆。
七兩二	號令天下統禦萬民帝王之命	此格世界罕有生，十代積善產此人；天上紫微來照命，統治萬民樂太平。

真的有皇帝命嗎？

一個人若想要具備所謂的「皇帝命」，就必須在下列的時辰中出生：

（己卯／戊午年）一兩九錢＋（三月／九月）一兩八錢＋（十八／廿六日）一兩八錢＋（子／巳時）一兩六錢＝七兩一錢≠七兩二錢

雖然有人說八字最重可達七兩二錢，但就表格來看，非得出現一加一大於二的神蹟不可，才有可能發生。所以天生擁有「皇帝命」的人可說是奇蹟中的奇蹟。除此外，有些生肖似乎命重比較吃香，例如屬蛇的年重一定不超過八錢，但屬龍、屬馬的至少都有八錢；另外，想要有七兩一錢的命，非得屬兔（己卯）或屬馬（戊午）不可。現代人已經不常參考這農民曆中所附的秤骨歌，但是「某人八字很重」、「某人八字太輕」這類的對話大家依然非常熟悉，因此可見計算八字斤兩的說法依舊在華人社會中擁有一定的影響力。

八 字輕的人容易看到鬼？

坊間常見一種說法，認為八字輕的人容易看到鬼，事實真是如此嗎？

其實八字的輕重在傳統命理上只是與貧賤富貴的命運有關，倒不一定與看不看得見「好兄弟」畫上等號。只是傳統上認為一個人運勢不佳的時候容易「撞鬼」，也許八字輕的人容易看到鬼的說法是來自於這種概念，但並不是絕對的。

30 檔案

十二生肖代表你的個性？

生肖是中國用來代表年份和個人出生年的象徵，一共有十二個，搭配十二地支按順序分別是：鼠、牛、虎、兔、龍、蛇、馬、羊、猴、雞、狗、豬，是民間計算年齡的方法，每個生肖都延伸出不同的性格和特色。

十二生肖的由來

十二生肖在中國的起源有許多說法，一九七五年出土的湖北竹簡《日書》是秦朝時期的產物，裡面有提到類似於今天十二生肖的動物，可能就是十二生肖的雛型，由此可知，十二生肖的起源大概可以追溯自秦以前的春秋戰國。

東漢時期王充所著的《論衡》，裡頭所提到的十二生肖和搭配的地支與後世流傳的完全相同，因此最晚在東漢以前，十二生肖已經出現在中國人的生活當中，大約到了魏晉南北朝時期，生肖的使用更為普遍了，但大都是用於幫人們記住年份的功能。

地支的概念在中國形成的時間比生肖更早，因此生肖的「十二」主要是要和十二地支搭配，而非硬湊出十二種動物。至於為何要選動物與地支搭配？部分學者認為這起源於原始時代的動物崇拜。遠古時代的人類因為生產力不足，對天地自然充滿敬畏之心，因此容易產生崇拜的對象，而動物與人類生活息息相關，人們會依動物的特性產生依賴或恐懼感，故有學者指出，十二種生肖動物是人們基於動物崇拜的信仰所產生的「獸曆」。

另外，也有學者將十二地支與十二生肖的古字相比較，發現當中似乎有一些相似與關連，例如許慎在《說文解字》中說，「巳」字為蛇的象形。

生肖	鼠	牛	虎	兔	龍	蛇	馬	羊	猴	雞	狗	豬
地支	子	丑	寅	卯	辰	巳	午	未	申	酉	戌	亥

與生肖相對應的性格與命運

地支除了計年，也搭配一種生肖動物作為象徵出現。後來這些動物的性格特色，也漸漸被人們延伸到個人的性格發展上，也就是說在哪個地支年出生，就會擁有那個生肖的特性。

鼠——容易得到別人相助

老鼠有到處都可以生存、什麼都可以吃的「餓不死」特質，因此屬老鼠的人通常比較隨遇而安且樂觀。此外，老鼠的觀察力、靈動能力也很強，每逢地震或災殃發生前，常常會有老鼠大逃難的新聞，因此，屬鼠的人也具有觀察力、應變力強，以及能幹機智的特質，容易得到幫助。

牛——要注意變通

牛雖然動作比較慢，但是很穩重、吃苦耐勞又有毅力。大體而言，屬牛的人心地善良、謹言慎行、實際可靠、令人信服。另一方面，牛具有反芻特質，故屬牛的人常常拿一件事來反覆琢磨、左思右想，不過一旦決定行動了，屬牛的人就會緩步完成，只是要注意靈巧的應變、避免一意孤行。

虎——學習圓融的處事態度

老虎居住在廣闊的森林或是草原當中，性格十分勇猛、活動力也強，屬虎的人具有老虎勇往直前的冒險精神，面對獵物與目標時，也能謹慎小心、步步為營。但是，老虎個性直來直往，有獨善其身、固執己見的缺點，有些時候會顯得不夠圓融。

兔——平穩前進的成功類型

兔子是很安靜溫順的動物，不具任何攻擊性，普遍給人可愛的印象，他們生性敏銳纖細，不喜歡惹事生非，可以說是和平主義者；雖然兔子平時有點懶洋洋的習性，但是一動起來卻十分敏捷，又因為他們不容易捲進是非圈、為人又慎重，一般來說，是屬於平穩前進的成功類型。

龍——要禁得起挫折才行

龍是十二生肖中唯一找不到實際存在的動物，所以龍有著夢想家的性格，但也會令人感到有些高深莫測與不太可靠。在工作上，龍若能找到發揮其創意與想像力的理想工作，會很有發展，但要小心遇到挫折就自暴自棄的壞習性。

問神達人王崇禮的農民曆小補帖

龍寶寶真的是人中之龍嗎？

並不是所有屬龍的人都是人中之龍，中華文化之所以會對「龍」特別重視，這是因為過去屬於君主時代，相傳皇帝是真龍天子轉世，所以才把真龍天子的這個「龍」想像成生肖屬龍的這個「龍」，但真相其實「此龍非彼龍」，誤會大了！

不管是哪一個生肖，既然先天條件已成事實，應該強調孩子的後天教育——古人早有明訓——「性相近，習相遠」，就是強調每個人後天教育的不同，孩子會漸漸發展成屬於自己的獨特性格。

蛇——人生會愈走愈順

雖然在大部分人眼中，對蛇的第一印象往往是陰險狡猾，但對中國人來說，蛇是「小龍」，故屬蛇的人也具有部分龍的特質，而且外表通常具強烈魅力，個性冷靜，擅長做精神層次的思考。此外，屬蛇的人行動柔軟且懂得隨機應變，在人生路途上屬於愈走愈順、倒吃甘蔗的類型。

馬——做事不要半途而廢

馬在一天當中代表的是中午的時段，西方也常把馬與太陽做連結，用烈火形容烈馬非常貼切，他們自由奔放、獨立心強，待人熱情、喜歡社交，算是頗有人緣。此外，馬的思考力與行動力為直線進行，稍欠考慮，藏不住祕密，總想一氣呵成，速戰速決。屬馬的人要避免半途而廢，才會成功。

羊——要修身養性

羊有分綿羊、山羊兩部分；綿羊的個性溫馴善良而服從，內心感情纖細但忍耐力強，可以持續前進、努力不懈，屬於藝術家型的人物；山羊則喜歡頂撞人、脾氣很拗，也顯得急躁。屬羊的人要修身養性，把山羊的部分轉化成綿羊的特質，通常綿羊般的人都是人見人愛的對象。

猴——穩重自律忌急躁

猴年出生的人頭腦靈活、聰明機智，解決問題的能力極強，很適應社群生活，適合成為領袖。因為機靈，屬猴的人從小就容易被師長、父母疼愛，他們也喜歡透過自我表現而得到注目，但猴子常常蹦蹦跳跳，有個性急躁的缺點，若能穩重自律，一生衣食無虞。

雞——較有前膽力、懂規劃

因為公雞會晨啼、洞察先「雞」，所以屬雞者也往往非常有前瞻力與遠見，頭腦靈活、思慮很快，並會做好計畫而遵守規律，較不會浪費時間。

除此之外，屬雞的人性格上自尊心、義務感強烈，也較注重外表的打點、穿著不隨便，常顯現出他們對色彩的敏銳。

狗——工作職場上的好夥伴

狗最強烈的性格特質就是忠誠，他們通達人情義理、天性率直、投入工作，常常受到主管器重，是相當不錯的工作夥伴。屬狗的人個性活潑，有敏銳的觀察力，他們都對家庭、事業很看重，不過比重因人而異。在愛情的部分，因為他們較多投注時間心力在工作上，又很平易近人，所以常有同事共結連理的例子。

豬——不要太在意他人眼光

豬其實聰明又愛乾淨，但因為人類飼養豬的環境惡劣，而導致我們對豬有一些錯誤的刻板印象。豬的個性率直天真、心直口快，野豬群中也有領導者，但是豬一旦成為領導者，就不會忘記自己的地位比同伴高人一等，而可能會有一意孤行的缺點。

屬豬的人若遇挫折就很容易失去自信，應避免太過在意他人的眼光。

十二生肖不僅可用於對照性格，在農民曆中也常會附上不同生肖的年與月的運勢評估，供大家做參考，在中國的民間文化中，生肖的運用可說是相當廣泛。

屬龍的命好？屬虎的命不好？

因為中國人喜歡「望子成龍」，所以每到龍年，總是會有特別多的龍子、龍女誕生；相對的每到虎年，因為民間對於屬虎的人有各種禁忌，所以往往是出生率相對低迷的時候。

其實屬龍的孩子也未必能夠命好，而且還因為同年的孩子比較多，在學業上可能會面臨較大的升學壓力。

檔案 31

古代版的育兒手冊——小兒關煞

兒童關煞的項目與其內涵有多家說法，而且差異性很大，但不論是十六煞、二十六煞、三十五或三十六煞，下文中將打破數字的限制，列出目前常見的幾種說法。

什麼是小兒關煞？

「關煞」一詞是古代稱呼「命中注定的災難」的用語，現在大多是指「小兒關煞」，即未出童關之前所遇的神煞，傳統上認為，十歲前的小兒關煞尤其要特別提防。

小兒關煞是以看孩子的八字得知，傳統上八字排盤有所謂的「大運」，有人十歲上大運，也有人出生後幾個月就上了大運，而關煞是小孩未上大運之前必須留心的。

目前比較普遍的小兒關煞，並常刊載在民間各種農民曆的，有二十六種和三十六種兩大類。以現代人的眼光來看，也許會認為小兒關煞是迷信的行為，但其實多數的兒童關煞就是孩子們在成長過程中最容易發生的各種意外，因應不同的關煞，也有不同的破解法。直到現在，若小孩子難帶、常生病，醫生也檢查不出原因，一般人仍會「寧可信其有」的請命理師判斷是否沖犯了關煞，然後做法事來化解。

常見的小兒關煞

雷公關（打腦關）	• 指遭雷擊、觸電、燒傷等。 • 不能夠讓孩子聽到敲鑼打鼓或打雷的聲音，若小孩沖犯到了此關的話，就容易受到驚嚇而生病。 • 防高空跌倒。小孩喜歡爬高，爬高容易導致危險，大人也不要抱著孩子舉高或在高處蹦跳。
鐵蛇關	• 指遭蛇咬、金屬撞傷等，尤其預防在孩子三歲以前發生。 • 不能夠出水痘、痧痘疾、麻疹痘，若小孩沖犯到了話，會留下難看的疤痕。
急腳關	• 容易罹患小兒麻痺，內外八字腳，腿傷及殘疾。 • 易犯土神煞氣，勿看上梁、修造、動土。 • 避免匆忙行走，若小孩沖犯到了話，很容易跌倒受傷。
鬼門關	• 容易生病。 • 不可遠行，勿入所有的陰廟，也勿入凶孝家。 • 深夜不能夠外出，若小孩沖犯到了話，易遭受鬼魅騷擾。
白虎關	• 易罹患腹部或血液類疾病。 • 一生多血光之災。須提防跌倒，高空險處要小心；尤其女人在生產時要特別小心，以免母子喪亡。 • 若出麻疹要特別小心照護。

斷橋關	・不要過橋，也不宜坐船，也不宜坐竹編的搖籃，行船走馬都要特別當心。
夜啼關	・容易哭吵不停，多動症。 ・夜間不可以出外遊玩、日落西山時見天不利、夜間不可見燈光，以免小兒多啼哭、多災病。 ・晚上最好關燈睡覺。
四柱關	・所有修造動土、不可近前、遠離為吉，而且不宜坐車。 ・或是孩子三個月內盡量避免出門坐車。
浴盆關（血盆關）	・犯此關的小孩三天內不宜洗身沐浴。 ・不能夠清早沐浴，若小孩沖犯到了話，很容易感染上風邪。
閻王關	・在未上運時，不宜靠近所有的陰宮廟。 ・不能夠參加法事，最好也不要在一旁觀看，如果小孩沖犯到了，會容易遭受厲鬼纏身而不得安寧。 ・勿看喪家作佛事，易罹病多災。
百日關	・指小兒在一百天以內難帶養。 ・百日以內不能出門，若小孩沖犯到了話，就會容易生病。
落井關	・勿近井邊、河邊、水邊，容易有水厄之災，即使成年了也有忌諱。 ・可以盡早學會游泳，但需有大人在一旁陪伴。
天狗關	・犯者皆不可看天狗食日，出生四十日內不利外出遠行，也最好不要行夜路，以防血光破相災。 ・不能夠接近狗，若小孩沖犯到了話，容易被惡狗驚嚇而生病。
短命關	・一生多災厄，宜制化陰煞。 ・不能受到過度驚嚇，若小孩沖犯到了話，容易有膽小畏懼的心理。
雞飛關	・怕看殺生，防雞飛過頭、雞啄等驚風。 ・不宜見血，容易有血煞。

深水關	•勿近河邊、水池邊，父母要帶孩子清明拜祖先、七夕拜七娘媽，以保平安。 •不能用冷水洗澡，若小孩沖犯到了話，容易感染到風寒。
金鎖關	•不可拜神契，也不利帶圈。 •不能佩帶金銀飾品、項圈、手鐲，若小孩沖犯到了話，容易發生意外。
湯火關	•要時常注意火、滾湯、油，小孩廚房內勿近為吉。老了也要忌諱。 •不能接觸痲瘋病患，若小孩沖犯到了話，會染上重病而不治。
水火關	•要特別小心水火之害。 •不要讓孩子單獨靠近水邊（包含廁所在內），亦勿靠近廚房——有水火的地方都要特別小心。
五鬼關	•普渡打醮不可近前，也忌見棺木板、墳墓，白事勿近。 •遇有喪家須繞路而行，若直系親屬過世，可配帶護身符，以避煞。
天吊關	•不利過山過河、行夜路不安、同時多有急難災禍。 •若小孩沖犯到了話，容易產生眼睛方面的疾病。 •若孩子難帶，可重拜父母，即拜個乾爹乾媽（若無適合的人，可以認神明為乾爹乾媽）。
四季關	•一生多病，在四季節氣前，遠方勿去，以免災殃。 •滿週歲時不能參加喜宴，若小孩沖犯到了，會因為喜沖喜而染上莫名怪病。 •苗而不秀，長大後身體依然單薄。
無情關	•容易忤逆父母、與父母不親。 •可重拜父母，即拜個乾爹乾媽（若無適合的人，可以認神明為乾爹乾媽）。
埋兒關	•禁看喪葬出殯、車禍橫死、凶殘殺牲的場合，這類孩子對「白事」特別敏感，容易遭到沖煞。
下情關	•不能聽見刀切東西，或斧頭劈砍的聲音，若小孩沖犯到了話，就會變得很膽小，不敢出外見人。

將軍箭	・指易遭驚嚇及刺激，體質對靈界敏感。 ・必傷骨肉親，不射他人也射自己，勿入將軍爺廟，入者借弓開箭。 ・逢一、三、五、七歲發箭，宜祭改保平安。
和尚關	・不要入齋壇和喪孝家、亦勿入僧寺廟見和尚，如果不注意，災禍疾病難免，須多注意為吉。 ・隨母入廟行香容易遭到驚嚇，宜避免。
直難關	・大限之內注意勿讓小孩接近刀刃、利器。
取命關	・須防高空險處，勿看凶亡人；新建廟宮、建醮、中元普渡、中元壇內，小孩皆不可以靠近。
撞命關	・小孩容易跌倒受傷，傳統上認為這類孩子容易多災多厄，成長不順遂。
千日關	・生下來一千日以內，勿往外婆家之神明廳，勿坐車走遠方。
將軍關	・不能觀看廟宇上梁、入火安座，若小孩沖犯到了話，容易發生意外災難。
千口關	・三歲前不能夠爬高爬低，若小孩沖犯到了話，很容易發生意外。
斷腸關	・勿看人殺生，與雞飛關類似。
休庵關	・忌隨母入庵廟寺觀燒香拜佛，與和尚關類似。

小兒犯煞該怎麼辦？

即使已經邁入二十一世紀，現在很多父母在新生兒出生後，還是會帶著孩子的八字去排個命盤，其中就有可能會聽聞算命師說孩子犯了什麼煞，需要制化陰煞等等。其實小兒關煞只是一項參考，而且其中有很多是屬於農業時代的禁忌，與現代生活頗有出入，況且仔細分析小兒關煞之後發現，這些關煞中提到的許多場所、行為本是孩童不宜的，關煞說穿了就是古代版的育兒手冊，提醒為人父母者多注意孩子的安全。因此，合理的關煞可以遵守，但是不合理的關煞聽聽就好。

問神達人王崇禮的
農民曆小補帖

弱冠禮儀式

如果自己的小孩以前小時候有被神明當過契子（成為神明的誼子／女）的，建議於十六歲到該廟辦理弱冠禮。

1 首先記得感謝神明保佑這孩子長大成人。

2 說明過了十六歲還沒來辦理弱冠成年的儀式，所以今天誠心準備三牲酒水、鮮花、素果，請神明幫忙處理弱冠，好讓這孩子長大成人，智慧與日俱增。香插上之後的三十分鐘，再擲筊確認：

- 請跟神明稟報：「今天弟子／信女〇〇〇過去時候曾經來這裡讓神明當契子，十六歲到還未辦理弱冠成年儀式，今天來補辦。如果神明已經處理好，請給弟子三個聖筊。」如果有聖筊，就表示神明已經處理好了。
- 為求謹慎，可以再問：「除了這樣，還有其他指示嗎？」如果依然沒有，那就表示這件事情已經正式完全處理好了。
- 如果說有其他的指示，那就要問出來了。不會問的話，可以請神明賜籤詩。

用對農民曆招好運

32 檔案

挑好搬家日子後要做什麼？

傳統入厝儀式十分繁雜，而且派系不同做法也不同，照單全收真的會累翻天。本書介紹的入厝儀式算是現代簡易版，心有餘力者可以再加做「隆重版」。

看日子

- **簡易版：**查詢適合入宅及安床的日子，避開居住者及當天會參與儀式者的生肖所沖煞的日子。
- **隆重版：**將房子方位、床位、居住者、入厝當天會參與入厝儀式者的八字給專家，算好日子時辰。

準備東西

1 **入新傢俱：**將新買傢俱於入宅前搬入，代表新氣象；舊傢俱需等入宅過後再搬入。

問神達人王崇禮的
農民曆小補帖

關於入厝日

關於挑選入厝的日子，若要謹慎一點，並不是隨便看個有入厝的日子就可以的，內行的專家一定還會依該房子的坐向來擇日、擇時。

2 **柴米油鹽醬醋茶**：開門七件事，當天裝在籃子裡提進屋。

3 **廚房會發熱的電器**：象徵讓家裡「旺」起來，當天要拿進屋，例如：電子鍋。

4 **新掃把畚斗**：入厝必備，當天要拿進屋。

5 **碗筷**：六或十二人份，當天要拿進屋。

6 **裝吉祥數字的紅包袋**：入厝當天不能口袋空空進屋，因此每個人的口袋都要裝紅包，裡面放吉祥數字，例如一百六十八元。

7 **米缸與米**：米缸貼「滿」字，當天抱進屋。欲省事，先把米缸裝八分滿放在新家，入厝當天再添滿。

8 **鍋具及湯圓**：入厝當天要煮。

新購的傢俱無法配合入宅時間怎麼辦？

一般傢俱公司送貨都不能配合入宅時間，所以可以請傢俱公司組裝好後，先不定位放好，等黃道吉日再移動就定位即可（暫時擺放的位置，不用離「好位置」很遠）。

問神達人
王崇禮的
農民曆
小補帖

祭拜地基主的儀式

拜地基主的時候，要由外向內祭拜，也就是說，從大門往廚房的方向祭拜，千萬別搞錯方向了喔！

有些人會在廚房拜地基主，這也是可以的，但還是要注意，別搞錯祭拜方向。拜拜時你可以先稟報家中地址，再祈求地基主保佑平安。

9 **準備雞腿便當及金紙金桶**：拜「地基主」用的。

10 **數十枚硬幣**：在入厝的吉日、吉時，踏入門內；並將硬幣灑在屋內的每一個角落，口中念著雙腳踏入門，錢財跟著來。

淨屋，入厝前一天巳時

- **簡易版**：將鹽與米以一比一比例混合。於入厝前一天早上九時至十一時，男主人開門，然後由裡到外一一開窗；女主人跟在後面，拿著混合後的鹽米灑在四周牆角，完成後，男主人由裡到外一一關窗，然後二人即可關門離開。

隆重版：除了上述以外，另外到金紙店買小的薰香爐，繞著房子薰香淨化一下。

更隆重版：除上述以外，準備零錢放在水桶內，放在客廳用電扇吹，代表風生水起會好運，一直吹到隔天入厝。

搬家時間都無法配合黃道吉日怎麼辦？

先選方便搬家的時間進行搬家作業，等搬家就緒後，再另擇吉日進行入厝或安床儀式即可。

入厝當天

1在入厝吉日吉時，祖先或神明需先入宅（一定要親自搬），待神桌定位後，再請神明或祖先牌位上桌，準備鮮花、牲禮、水果祭拜。

2買紅色的鮮花插在花瓶裡，擺放於客廳或神桌上，代表一路發。

3油、米、碗、筷各取一樣貼上紅紙，取家中成員各一件衣物象徵性貼上紅紙，再將掃把或吸塵器也貼上，代表可以不愁吃穿、不愁用，全家沾滿喜氣。

4每人口袋裝紅包，手各拿至少一件吉祥物，由男主人帶隊進屋，開門時說吉祥話。

5男主人由裡到外一一開窗後，拿新掃把由裡到外一一掃地掃出來，而且要敲一下每個房間四個角落的牆角，把髒東西集中到客廳正中間後再掃出門，垃圾一定要拿到外面丟。

6女主人把剛剛拿進屋的廚房家電就定位，然後把米缸填滿，開始煮湯圓（簡單地開火煮水也行）。

7二人拿著事前準備的零錢，灑在屋內各個角落，可邊灑邊念「金銀財寶滿厝內」（零錢等入厝後過幾天再撿起來即可）。

8全家大小一起吃上一碗甜湯圓，代表全家團圓（煮水者則免）。

9中午過後即可拜地基主，準備一個雞腿便當、一個酒杯、米酒、香及金紙，放在矮桌向著廚房柱子祭拜，跟地基主說明今天良辰吉日某家入厝，準備好菜好酒請地基主享用，希望地基主保佑一家大小平安。香過三分之一再添一次酒，過二分之一即可燒金紙。

拜土地公

入厝之後，找一天到附近的土地公廟拜拜，告知姓名、生日、住址，已經搬到某某地址居住，希望土地公保佑一家大小平安。

公司開工

如果是公司行號的話，因為現代公司大多都有電腦，所以搬家後會擇吉日把全部電腦開機，表示開工，也討個喜氣。

想要完成整套的入厝儀式，對現代人來說可能比上班還累，不過農民曆、習俗可愛的地方就在於能因應時代的變遷而改變，本書提供的簡易版就相當符合時代的潮流喔！

檔案33

結婚怎麼挑好日子？

臺灣傳統認為，最適合結婚的月份是從農曆的十月至隔年三月之間，尤以十二月為「婚姻月」，是適合嫁娶的旺月。反之四月到九月間，則是較不適合結婚的月份了。

傳統上不建議結婚的月份

一年有十二個月，到底哪幾個月適合結婚呢？臺灣傳統上認為，最適合結婚的月份是從農曆的十月至隔年三月之間，尤以十二月為「婚姻月」，是適合嫁娶的旺月。反之四月到九月間，則是較不適合結婚的月份了。

會有這樣的差別，其實是因為民間認為：

四月死月：四與死的音相近（臺語），因此不吉利，不宜嫁娶，以免成為壞兆頭。

五月差誤：五與誤同音（臺語），這月嫁娶恐怕會有誤差。

六月半年某（妻）：六月剛好是一年的一半，有可能變成「半年夫妻」，恐有喪偶或是離婚的事情發生。

七月娶鬼某（妻）：七月俗稱鬼月，在崇信鬼神的時代，人們擔心會觸怒鬼怪，甚至有可能嫁到鬼丈夫、娶到鬼妻子，因此忌諱嫁娶。

八月娶土地婆：八月十五是祭拜土地公的日子，怕這時嫁娶會娶到土地婆。據傳土地公懼內，因此謠傳八月娶妻，將來也會怕老婆。

九月狗頭重、死某（妻）亦尪（夫）：臺語的九與狗諧音，而狗通常是罵人的比喻，因此忌諱在九月嫁娶。

其實會有這種忌諱，除了吉凶的評斷之外，也不乏社會環境的影響。十月到翌年三月是農業社會農閒的季節，收成後正是辦喜事的好時間。所以十二月才會有一句俗諺：「有錢沒錢，討個老婆好過年。」而臺灣四到九月的天氣炎熱，農事繁忙，早期食物又不易保存，容易腐壞，加上夏末的颱風干擾，這些時段自然不適合結婚了。

到今日工商業社會，當然上述的禁忌已不適用，每個月都適合結婚，只是傳統上的農曆七月（鬼月）一般長輩仍忌諱婚事，所以依舊是結婚的淡月。

除了月份禁忌和農民曆的每日宜忌，也可參考「建除十二神」來挑選適合嫁娶的日子：

十二神	吉凶	建議
建	吉	建立的意思，宜建立新家庭，亦宜結婚宴客。
除	凶	除去的意思，不宜結婚及蜜月旅行。
滿	吉	圓滿收成的意思，亦宜過大禮（收禮）。
平	中	平定的意思，宜結婚及蜜月旅行。
定	中	堅定不移的意思，宜結婚，但忌當天蜜月旅行。
執	吉	固守長久的意思，宜結婚。
破	凶	破壞的意思，忌結婚，大凶。
收	中	收成以及收藏的意思，宜過大禮（收禮），忌蜜月旅行。
危	凶	危險的意思，忌結婚及蜜月旅行。
成	吉	成功成交的意思，宜過大禮及結婚。
開	吉	開始的意思，宜結婚，開始美好新生活。
閉	凶	收藏的意思，不宜結婚及蜜月旅行。

進階版：搭配新人八字來擇日

上述的原則雖可以幫助你簡單的挑選個合適的結婚日子，但傳統的長輩還是喜歡嚴謹點，畢竟一生只有一次，因此加上結婚兩人的生辰八字來考慮更好，因為每個人的命格不同，日子也會對人產生不同的好壞。若有需要，可以請合格命理師，幫忙挑選適合兩人結婚的日子。

……………問神達人王崇禮說故事……………

愛情不能強求……

一位內向的男生來問感情之事，目前單身。他懷疑自己是不是有欠點，才導致每段感情在快要發展成穩定關係時突然生變，最後無疾而終。結果，城隍爺指示要以三支籤詩來說明。

甲子籤：日出便見風雲散，光明清淨照世間，一向前途通大道，萬事清吉保平安。
丙午籤：不須作福不須求，用盡心機總未休，陽世不知陰世事，官法如爐不自由。
丁未籤：太公家業八十成，月出光輝四海明，命內自然逢大吉，茅屋中間百事亨。

第二支籤詩很明顯的指示有一個問題卡住，阻礙了姻緣——「陰世事」，所以我從幾個常見欠點下去請示，從祖先、神位、倒房、外方、迷花，或是小時讓神明認契子但長大沒辦弱冠禮等可能的因素都問了，就是沒聖筊，我心裡有譜——案情可能不單純。
於是，我轉頭問這位男生：「你是不是隱瞞什麼事情？」
對方不知所措的搓揉著手指頭說：「我……跟前女友分手了……想復合，可是她不要，我還是很愛她，很想要得到她。所以……」
他沉默了下來，我於是繼續問：「所以……怎麼樣呢？」
男生這才支支吾吾的說：「我對這個女生下符了，想要挽回她。」接著，話鋒一轉，憤怒地說：「誰知道不但沒有復合，我的運也很不順。」
我忍不住搖頭問：「那……現在還有嗎？」
男生心虛的點點頭並回答：「有，我找了二間宮廟……」
我很驚訝地再次確認：「你找了二間宮廟對那個女生下符嗎？」
一聲若有似無的「嗯」傳來，然後他終於一五一十地說出真相。
我了解這一切後，馬上告誡這個男生說：「此事進行到此，不要再做了！」
接著，城隍爺連續以六個聖筊指示：「丙午籤的欠點，就是指弟子所說下符的這件事情；對方女生家的神明跟祖先已知情，而且非常不滿。」
我於是請這個男生坐下來，提醒他說，愛情不是占有，當感情已經走不下去，應該要適時的放手，給對方尋找幸福的自由。相愛的二人會無疾而終，也要思考自己在個性或想法上是不是有需要改進的地方，這個部分可以請神明給我們建議。為了得到對方不擇手段，找人或找宮廟下符，非但沒有效果，報應甚至會反撲自己。過去錯了就錯了，不要一錯再錯！只要能徹底放下恩怨，神明會協助跟對方家的神明跟祖先協調並請求原諒。若已造成女方的不適，神明也會慈悲替她化解。
這個男生聽到城隍爺這番話和我的提醒，似乎知錯了，紅著眼眶起身點了三炷香，口中念念有詞地向城隍爺懺悔，也親口承諾此事絕對不會再繼續下去。
世間男女，最難過的莫過於情關。在追求一段愛情的同時，是不是也設了停損點，有面對失戀的能力呢？哪天愛逝去了，能否理性面對，尊重對方的選擇，祝福對方呢？

為何老一輩說男女相差三、六歲不可結婚？

這說法源於生肖之間的沖、刑，也就是由五行變化中的相生相剋而推算而來的，因為五行相剋，所以不適合在一起。

以生肖來論：

・鼠刑雞，蛇刑猴，牛刑狗，虎刑蛇，猴刑蛇，兔刑馬。（差三歲，三刑）

・鼠沖馬，牛沖羊，虎沖猴，兔沖雞，龍沖狗，蛇沖豬。（差六歲，六沖）

不過即使是性格差異大的兩人，經過雙方磨合與自我克制、相互體諒，仍能締結美滿的婚姻，因此成事在人。差三歲、差六歲的結婚禁忌就當作是老祖宗的一種提醒，只要用心經營婚姻即可化解，不用太在意。

檔案 34

喪葬怎麼挑好日子？

臺灣傳統社會重喜又重喪，無論喜喪，禮俗都非常繁複。雖然農民曆上會羅列適合火化、安葬、入殮等的日子，但傳統上，大家在挑喪葬日上會比較謹慎，如果你特別重視，也可以請教風水命理師協助挑時間。

辦喪事也要挑好日

在臺灣，某些所謂的「好日子」，常會看見家屬在徹夜排隊，等著送已往生的親人火化，或是趕在某一個好日子搶送親人出殯等的新聞，在在證明了挑好日子送至親家人最後一程在民間受重視的程度。

忌用重喪日

所謂的「重喪日」是正月甲日、二月乙日、三月戊日、四月丙日、五月丁日、六月己日、七月庚日、八月辛日、九月戊日、十月壬日、十一月癸日、十二月己日，一般認為辦喪要避開這些日子，以免再逢第二次喪事，稱為「重喪日」。

挑日子首先忌用重喪日，各地的民俗風情雖然有些不同，但是為了求吉祥順利，都會盡量挑選合適的安葬時間，以趨吉避凶。安葬日最忌用重喪日，如果有人在此日死亡，或者安葬日選在重喪日，傳統認為可能會導致後代子孫在七到三百天內，會無緣無故的重傷一口。

另外，所選的吉時，最好要符合六十甲子入殮的吉時與入棺吉時。

民間重要喪禮儀式

- **遺體安置**：在醫院過世者多送到殯儀館冰存，部分送回家中者，則租用冰櫃冰存。今人多在醫院過世，一般是在遺體運回家中或運至殯儀館後才焚「燒魂轎」（於門口燒一紙轎車，供亡靈乘赴陰間），現今也有許多人省去了這項儀式。
- **舉哀**、**變服**：為去世的親人傷心痛哭，並換穿白色或黑色等素色衣服。
- **豎靈**：即為死者設立靈位，給亡魂依附，即今天的「魂帛」或「神主牌」。
- **腳尾燈**、**腳尾錢**（**腳尾紙**）、**腳尾飯**：為方便亡者赴陰間所準備的物品，近年來喪事多在殯儀館舉辦，多已省略，或在豎靈後奉上。
- **誦腳尾經**：道教誦「度人經」引領亡魂到陰間（開魂路）；佛教誦「彌陀經」引領亡靈往生淨土。

- **帷堂、闔扉、示喪**：依傳統禮俗，家有喪事應半掩門扉（闔扉），以白布圍水鋪（帷堂），並在大門貼白紙示喪（如「嚴制」、「慈制」或「喪中」）。
- **拜飯（奉飯、捧飯）**：今人遺體大都冰存殯儀館，至出殯前夕或當天上午才舉行大殮。因此，一般都提前至死亡後翌日即行奉飯。
- **報白**：今人大都以電話通知其他親屬家人的死訊。
- **喪服（孝服）、孝章（孝誌）**：家人行禮時需著喪服（孝服），不行禮時另有佩帶於手臂或髮際的「孝章」或「孝誌」，稱為「帶孝」。
- **擇日、擇地**：喪事各種重要儀節，如入殮、移柩、發引等，均需選擇吉日良辰，即「日課表」；擇地是選擇埋葬吉地，今人多用火葬，火化後骨灰多安置在靈骨塔，也需選擇吉位。
- **訃聞**：於出殯日選定之後，應印製訃聞，告諸親友。
- **做七（做旬）**：受佛教「輪迴」及「十殿閻王」等說的影響，而有「做七（做旬）」之俗。自親人死亡之日起，每七天需祭拜亡魂，直至七七四十九日止。
- **小殮**：為亡者穿衣服，依禮俗先要行「乞水」儀式，為亡者「沐浴」，然後「更衣（襲）」、「化妝」、「飯含」、「辭生」、「放手尾錢」等。
- **大殮**：將亡者入棺、蓋棺的儀式。「大殮」後稱「殯」，表示亡者已成「賓客」。
- **移柩（轉柩）**：遺體入殮後，棺木稱為「柩」。「移柩」是出殯前把靈柩移出庭外，是出殯告別儀式的開始。

- **家祭（奠）、公祭（奠）、拈香：**今人人脈廣、交遊廣闊，大都於家祭（奠）後行公祭奠儀式，由外賓弔唁致祭。
- **瞻仰遺容、封釘：**遺族瞻仰亡者最後遺容後蓋棺，並行「封釘」禮。
- **發引、辭客（謝客）：**發引是出殯的意思，把靈柩運送至墓地埋葬或火化場火化。而喪家在半途停棺辭謝送葬的親友，稱「辭客（送客）」。
- **晉塔：**今人大都行火葬。遺體火化後骨灰以罈貯存，陳放於靈骨塔。一般晉塔時，除備祭品祭祀亡者外，也要拜土地公（猶如土葬要祭墓，也要拜后土）。
- **返主、安靈：**安葬完畢奉神主（魂帛）歸，為神主（魂帛）安位祭祀，稱為「安靈」。

問神達人王崇禮的
農民曆小補帖

先挑塔位，再挑晉塔的日子和時辰

每個人有每個人的仙命，所以陰宅首先一定要依生辰來決定塔位，然後再依塔位來擇日、擇時。還沒決定塔位就把日子跟時辰決定好了，這個程序是不對的。

- **百日：**人死後第一百日舉行之祭祀儀式，應舉哀。
- **對年：**人死後一周年所舉行的祭祀儀式，應舉哀。

- **三年：**今人於喪滿周年後，擇期舉行「三年」祭祀，代表子女仍遵守「三年之喪」。
- **除靈、合爐：**「三年」之後，表示服喪期滿，喪禮結束，擇一吉日把亡者靈位除去（除靈），神主（魂帛）燒化，亡者名字寫入祖先牌位，並把些許香灰放入祖先香爐之中，從此與歷代祖先合祀，稱為「合爐」。
- **慎終追遠：**每年逢清明節、忌日，子孫掃墓祭拜，紀念祖先。

問神達人王崇禮的農民曆小補帖

對年相關宜忌

只要家中有人往生還沒有滿一年，家裡面不管是風水、神位還是祖先有問題，一般都不能處理，一定要等到一年期滿才可以。

除此之外，有些宮廟不幫家有往生者但未對年的人問事，有些則可以問，但是否能立刻處理解決，就得看神明指示。

檔案35

重要傳統節日怎麼過？

中國重要的傳統節日有春節、上元、清明、端午、中元、下元、冬至等等，這些節日的訂定大多與二十四節氣相呼應，其中也有許多傳說故事，這些生動的人物情節讓每一個節日活靈活現的動了起來。

春節

春節的傳說

相傳很久很久以前，由於曆法不夠準確，天時往往無法和農事配合。當時的天子——祖乙見到因為節令的紊亂使得民不聊生，下令百官解決這個問題。有位住在定陽山下的青年，名叫萬年，他利用日影的長短變化製作出日晷儀，可是日晷儀無法在陰天操作，於是他靈機一動，利用水滴的規律，創造出漏壺來計算時序，進而被天子重用，之後潛心研究出曆法的規律。

後來，萬年發現天地四時的變化，那天剛好是「舊歲已完，時又始春」，希望天子為這天命名。天子便說：「春為歲為，就叫春節吧！」之後又歷經了數十年，萬年終於制定出一套完整的太陽曆法，祖乙為了表彰萬年的貢獻，因此把曆法定名為「萬年曆」，並封萬年為「日月壽星」。

春節的由來

春節也稱元旦，是一年之始。在早期的農業社會，農事往往倚賴四時變化，曆法自然就成為農民作息的重要依據。曆法的精確與否會直接影響國家大計，因此歷代的天子皇帝都十分注重。

夏代曆法以孟春之月（陰曆正月）為歲首，歷經商、周、秦三朝改曆，到了西漢，曆法逐漸和天象不符，武帝依司馬遷等人的建議修改秦的「顓頊曆」（以農曆十月為歲首），另外訂立了「太初曆」。太初曆仍是以孟春之月作為一年的開始，並且加入了二十四節氣，這套曆法沿用了兩千多年，到民國以後才改用陽曆。

春節怎麼過？

- **祭拜誰：**要拜神明、祖先。
- **有哪些重要傳統習俗：**

1 除夕下午要舉行「辭年」儀式，感謝神明與祖先過去一整年的保佑，晚上要吃年夜飯、圍爐。

問神達人王崇禮的農民曆小補帖

除夕拜拜流程

拜祖先流程

- 供品：一鍋飯、一鍋湯、幾樣菜（葷素皆可）、些許公媽金、五副碗筷、杯子。
- 上香稟報：「奉請〇〇〇歷代祖先，今天除夕，子孫□□□誠心準備菜飯敬拜祖先，祈求祖先保佑家中子孫四時無災、八節有慶、東西南北福星光照、命運亨通、財利順手、身中光彩、各大房事事順利。」
- 三炷香後不用擲筊即可燒化金紙，但一般人仍有擲筊的習慣，可隨意。

拜地基主流程

- 供品：一碗飯、幾樣菜（也可用一個盤子裝幾樣菜）、拜地基主的金紙。
- 注意：拜地基主是朝廚房方向拜。
- 上香稟報：「奉請〇〇〇〇〇〇〇〇〇〇〇〇（自家地址）的地基主，今天除夕，弟子□□□誠心準備些許菜飯敬拜地基主，祈求地基主保佑家中大小人丁四時無災、八節有慶、東西南北福星光照、命運亨通、財利順手、身中光彩、闔家平安、事事順利。」
- 三炷香後不用擲筊即可燒化金紙，但一般人仍有擲筊的習慣，可隨意。

2 初一「行春」，去廟中拜神明，適合盛裝到親戚朋友家走訪拜年，添喜氣、博感情。
3 初二女兒回娘家。
4 初三「赤狗日」，宜在家中休息或玩樂，晚上早早就寢。
5 初四準備牲禮、香燭紙馬，迎神下駕。
6 初五各商家開張，恢復正常營業。
7 初六農民開始春耕下田。
8 初九天公生日，要舉辦隆重祭典拜天公。

問神達人王崇禮的農民曆小補帖

新春習俗注意事項

初二回娘家

有些人可能有遇過，初二帶小娃兒回娘家時，孩子特別容易哭鬧，不好帶。這裡有一個習俗大家可以參考看看：在回娘家前，把一件穿在孩子身上的衣服故意穿反（內往外翻），等進到娘家門後再把衣服穿正。這樣小孩就比較不會哭鬧了喔！

初四迎神流程

- 時辰：初四晚子時，或是初五辰時至午時。

- 供品：一對鮮花、水果、接神的金紙。
- 上香祈求：「奉請家神○○神明，弟子或信女於今日誠心接神，祈求神明在今年當中保佑心願達成，以及家中眾人丁四時無災、八節有慶、東西南北福星光照、命運亨通、財利順手、身中光彩、闔家平安。」稟報完後，即可燒化金紙。

初五開工拜拜流程

- 供品：些許餅乾、糖果、汽水、水果、七個杯子（可倒汽水）、些許壽金、拜好兄弟的九金和銀紙。
- 時間：在選定的日期和時辰內，在公司的門口祭拜。
- 上香稟報：「奉請山神、土地、外方好兄弟，今天是開工日，弟子○○○今天誠心準備些許餅乾、糖果、汽水、水果及金紙敬拜山神、土地、好兄弟，祈求保佑弟子□□公司營運順利，事業鴻圖大展、財源滾滾，員工皆能事事順利。」經過三柱香後，即可燒金紙，鞭炮則不一定要放。
- 其他注意事項：

①一般都是大年初六上班，所以老闆可以在一月五日拜拜開工，然後大年初六員工再正式上班。

②開工拜拜的同時（還未燒金紙的時候），可以按照下列做法：工業或科技業的公司

可以把機器開啟，讓機器運轉一下；商業或服務業的公司可以把電腦跟收銀機開起，讓設備運轉一下。等到三炷香之後則可燒化金紙，燒化完畢則把機器或設備關掉，如此開工程序完整結束。

有哪些傳統禁忌：

1 新年忌掃地，特別是不可以將掃把往外掃，以免財富被掃出門。
2 若是打破碗盤，要趕緊念：「歲歲平安」，用紅紙包好碎掉的碗盤再丟。
3 大年初一家人不要發生爭端，以免新的一年都爭鬧不休。

問神達人王崇禮的農民曆小補帖

春節弄破碗盤，是禍還是福？

春節期間打破碗盤，象徵的吉凶得看是哪一天打破的來判斷：

如果是在除夕夜吃年夜飯時不小心打破的，則是吉利，因為除夕夜是一年的最後一天，打破碗盤象徵：在過去所有不如意的事在今年的最後一天正式結束打破了。

如果是在大年初一打破碗盤，雖不能說不吉利，但今年可能要特別注意一些事情，因為一年開始的第一天就打破碗盤，總覺得有點不好。

4不能倒垃圾、婦女不能用刀剪、大年初一白天不能睡覺、不能洗衣，年初三不能外出及宴客等。

元宵

元宵節的傳說

漢武帝時期，有名宮女叫元宵，十分擅長做湯圓。因為長年在宮中無法和親人相見，在臘盡春來的時候格外思念家人，哭著想要投井自殺。當時漢武帝的寵臣——東方朔發現這件事情，答應元宵會讓家人和她相聚。

於是東方朔到街頭上假冒占卜師，預言十六日會有天火，謠言一出，街頭人心惶惶，得知消息的武帝連忙請足智多謀的東方朔來想辦法，東方朔說：「火神君最愛吃湯圓，你有個宮女元宵很會做湯圓，你請她在正月十五的晚上煮湯圓，讓火神君吃得開心就不會放火了；另外再讓百姓在晚上點燈、放鞭炮煙火慶祝，弄得像是滿城大火一樣，玉皇大帝就會誤以為火神君已經火燒帝都。」

為避免火神君燒了皇宮，漢武帝還特別讓宮中的宮女、衛士等人在當天晚上出宮，混進尋常百姓當中，元宵依據東方朔的指示，得以和家人團聚。如此熱鬧了一夜，躲過天禍的漢武帝，下令以後每逢正月十五做湯圓拜火神君；正月十六掛燈放煙火。因為元宵做的湯圓最好吃，所以也把湯圓命名為「元宵」。

元宵節的由來

元宵節最早沒有特定名稱，只稱作為「正月十五日」、「正月半」，隋朝以後才出現了「元夕」或「元夜」的名稱。唐初因為受到道教影響，又稱元宵節為「上元」，唐末才有「元宵」的名字。大概從西元三世紀開始，元宵節才慢慢形成一種節慶，到魏晉南北朝時固定成為節日。元宵節固定的活動——賞花燈、看百戲，是隋煬帝開啟的風俗習慣，一直到唐朝，「花燈」才成為元宵的另一個代名詞。

元宵節怎麼過？

- **祭拜誰：**拜天官賜福紫微大帝（即堯帝）。
- **有哪些重要傳統習俗：**

1元宵節吃湯圓，象徵一家團圓。
2賞花燈、猜燈謎，象徵光明與添丁。
3希望擁有美滿婚姻的女孩，要在元宵夜到別人家的菜園裏偷摘蔥或青菜，將來可以嫁到好丈夫。

清明、寒食

清明節的傳說

春秋時期，晉國有一位清官名叫介之推，當時有大臣密謀要殺害大公子——重耳，另立新君。於是他帶著重耳流亡異域，兩人歷經貧病交迫。有一次在山中迷路，好幾天都沒有進食。重耳感歎自己餓死了是小事，只怕晉國的百姓沒有好日子過了，介之推相信重耳會成為一代名君，於是割下自己的大腿肉煮熟給重耳吃。

在外流亡十九年後，重耳終於回到晉國恢復身分，成為晉文公。當時陪伴在外流亡的隨從一一得到封賞，但因介之推不主動邀功，竟也被晉文公遺忘了。日後晉文公在旁人提醒下才想起來，連忙派人請介之推來領賞，沒想到介之推卻背著老母親躲入山中。

此時有人獻計放火燒山，孝順的介之推應該會背著母親逃出來。沒想到大火一燒，始終不見介之推的身影，最後晉文公在一棵柳樹下發現介之推母子二人相擁的屍體。介之推在樹洞藏了紙條，說明自己一片真心侍奉君主，只希望君主能夠永遠保有心中的清明。只要想起他就要反省自己的過錯缺失。晉文公為了紀念介之推的死諫，將那一天訂為寒食節，全國禁火，吃冷食一天。

清明節的由來

今日清明節最重要的活動就是祭祖掃墓，民國二十四年，政府把清明節訂為民族掃墓節，全國放假一天，進行掃墓儀式。但在宋朝以前，清明只是寒食節的一個附屬節日，並且還不比「上巳節」重要。

上巳節起源甚早，自魏以後就固定在三月初三，要游水招魂、持蘭草驅逐不祥，但是後來「拔禊」習俗已逐漸失落，到水邊遊春的活動反而大受歡迎，可能也影響到之後清明的踏青習俗。

寒食節和清明節的節日內容原本並不相同：寒食節禁止用火、寒食一日；清明的習俗則是整理蠶室。直到曹操下令更改寒食節的時間，使得兩個節日過於相近，最後只剩清明節比較為人所知。

清明節怎麼過？

祭拜誰：祭拜祖先。

有哪些重要傳統習俗：

1 清明節要修墓與祭拜祖先，在祖先墳墓上的野草整理清除，再用小石頭或磚塊將墓紙壓在墳上，表示這個墳有後嗣整理。
2 插柳枝以避邪。
3 穿新鞋踏青。
4 盪鞦韆、拔河。

有哪些傳統禁忌：

1 清明節不買鞋，鞋與「邪」字同音。
2 掃墓前禁食，掃墓時保持肅靜莊重。
3 清明節當天不宜造訪親友。
4 清明前一兩日為寒食節，禁煙火。

清明掃墓拜拜流程

靈骨塔（火葬）篇

1先向該廟或該寺的天公爐拜拜，如果沒有天公爐就直接轉向鎮守靈骨塔的神明，一般都是地藏王菩薩、如來佛祖、觀世音菩薩。祈禱文可以這樣說：「弟子／信女〇〇〇以最誠懇的心感謝地藏王菩薩，承蒙地藏王菩薩的護佑，祖先□□□的骨灰才能祥居於此，再次感謝地藏王菩薩。今日是清明節，弟子／信女準備△△△（供品）來祭拜祖先，祈求地藏王菩薩幫忙牽引及告知。」

2轉向祖先的塔位祈禱：「祖先□□□，今天是清明節，子孫〇〇〇準備△△△（供品）前來祭拜，祈求祖先保佑家中各房子孫四時無災、八節有慶、東西南北福星光照、命運亨通、財利順手、身中光彩、闔家平安、事事順利。」如果個人有要向祖先祈求什麼事，這個時候也可以向祖先稟明。

墓地（土葬）篇

1先拜后土：一般墳墓旁邊都會有蓋一間小土地公廟，這就是「后土」，后土的責任是守護山靈、亡者、水口（出水口，一般墓庭都會有一個放水口，水口跟子孫的財運、運勢有很大的關聯，所以掃墓時要清一下，不要被堵住了）。這尊土地公長年在此照顧祖先，所以要先拜。你可以這樣祈禱：「弟子／信女〇〇〇以最誠懇的心感謝土地公，承蒙土地公的護佑，祖先□□□才能祥居於此，再次感謝地藏王菩薩。今日是清明節，弟子／信女準備△△△（供品）來祭拜祖先，祈求土地公幫忙牽引及告知。」

2接著轉向祖先的墓碑拜，你可以這樣祈禱：「祖先□□□，今天是清明節，子孫〇〇〇準備△△△（供品）前來祭拜，祈求祖先保佑家中各房子孫四時無災、八節有慶、東西南北福星光照、命運亨通、財利順手、身中光彩、闔家平安、事事順利。」如果個人有要向祖先祈求什麼事，這個時候也可以向祖先稟明。

3注意事項：順便觀察一下祖先的墓碑是否有裂痕、破裂，或墳墓有下陷或坍方的狀況，如果有以上這兩種現象，請到大廟問一下。另外，在墓地的時候，要好好的牽著年紀較大的長輩們，請他們慢慢走，以免在不慎跌倒，如果有發生此狀況，回去要記得趕緊去大廟拜拜。

端午

端午節的傳說

屈原是楚懷王的大臣，對內有效議論國事，對外擅長外交辭令，十分受到楚懷王的器重，導致其他人心懷忌妒而故意毀謗他，屈原因此而遭放逐邊疆，最後滿腹悲憤的抱石跳汨羅江，自殺而亡。

因為感念屈原的忠誠和貢獻，楚國的百姓將竹筒米投入江中餵飽魚蝦，使江裡的魚蝦不會啃食他的身體；又在江中倒入雄黃酒以迷昏水裡的蛟龍，避免屈原被蛟龍吃掉。因此粽子和雄黃酒就成為端午節的著名商標了。

至於端午節時門上插艾草、菖蒲的傳說，則來自於唐朝黃巢之亂的時候。當黃巢率領軍隊攻到河南的鄧州城的時候，他騎著馬兒到附近去勘查地形，結果發現很多百姓攜家帶眷地準備逃亡。

其中一名老婦人，手裡抱著年紀較大的小孩，另一手牽著年紀較小的孩子。黃巢覺得奇怪而問她，老婦人回答說：「年紀大的是大伯家唯一的活口，年紀小的是我親生的。萬一情況危急，我寧可丟掉自己的孩子，也要讓大伯家可以傳香火。」

深受感動的黃巢告訴老婦人說：「妳回家去吧！只要在門口掛上艾草、菖蒲，軍隊就不會傷害妳了。」

半信半疑的老婦人回到城裡之後，便把這個消息告訴附近的鄰居，沒想到家家戶戶都插上了艾草。

後來，黃巢軍隊入城之後，發現每家都插上艾草、菖蒲，只好領兵而去，全城也因此而都被保存下來。

端午節的由來

關於端午節的起源有數種說法，除了較為人知的屈原的故事之外，有人則認為端午習俗的出現應該早於屈原的時代，因此另外提出一種說法：端午節是源自於對惡日的禁忌。端午正值五月，是仲夏瘴癘流行最嚴重的時候，自古便有「惡月」、「毒月」、「死月」之稱，所以需要用香草沐浴，清潔身體、攘除惡氣。

傳統認為，這個期間也應盡量安息養靜、清心寡慾，因此也有許多不宜的事情，像是五月作官的人不會升遷，五月出生的小孩會招致厄運、五月蓋屋令人頭禿等等說法。演變至後世，人們會在端午這天喝雄黃酒驅毒（小孩不喝酒，有的父母會以雄黃酒在他們額頭上畫一個「王」字），門上掛艾草、菖蒲避邪，這些做法可能源於古時惡月的習俗。

端午節怎麼過？

祭拜誰：天神、祖先。

有哪些重要傳統習俗：

1 打掃驅邪，沐浴淨身，消除身心和環境的髒污邪魅。

2 賽龍舟、吃粽子以紀念屈原。

3 戴香囊、懸掛艾草、菖蒲以避邪。

有哪些傳統禁忌：端午節落在惡月，所以不宜生子、升遷、蓋屋。

問神達人王崇禮的農民曆小補帖

端午節接午時水

午時水即農曆五月五日午時下的雨水，是一年之中陽氣最盛、能量最強的天然水，具多重功效且久存不壞（勿讓雨水落地，用乾淨的容器收納好，置陰涼處，據說歷經數年仍清澈甘美），民間也普遍相信午時水有解毒、消暑熱、去時疫等功效。神明濟世時，使用午時水對陰症或沖煞等處理有非常顯著的功效。

中元

中元節的傳說

唐代的目連變文中，目連的俗名是羅卜，他生性善良，平常樂於佈施，但是他的母親個性吝嗇又愛殺生。由於她的惡行惡狀，死後下阿鼻地獄，日夜受苦。

羅卜後來虔心修佛，法號為大目連。修行數年之後，目連發現母親身陷地獄的折磨之中，為了解救母親，他親自前往地獄，目睹地獄種種可怕的景象。目連向師尊求救，師尊說他母親罪孽深重，目連須準備百味五果置於盆中，供養十位僧人，才可以這個功德超度母親，目連依此行事，終於使母親得以解脫。

從此，年年七月十五，人子需為七世父母作盂蘭盆施佛與僧，此即盂蘭盆節的由來。

中元節的由來

中元節是道教的「三元」之一。道教以農曆元月十五為上元，是天官賜福紫微大帝誕辰日，七月十五是中元，是地官赦罪清虛大帝誕辰，十月十五日是下元，是水官解厄洞陰大帝誕辰。農曆七月十五是中國傳統重要的節慶之一，道教徒稱為「中元節」；佛教徒稱為「盂蘭盆節」。

中國佛教行事承襲印度的傳統，在夏季有三個月要靜修，稱之為結夏安居到七月十五日才解制，開始一個新的生活週期，象徵新生和復活，此日同時也是盂蘭盆節，因此中元節供盂蘭的習俗便廣為流傳。另一方面，道教認為中元節是地官赦罪之時，道士會在這一天誦經，做法事來普渡孤魂野鬼。

因為盂蘭盆會及中元節的最終目的都在於普渡眾生，時日一久，兩者之間的界限就逐漸模糊，逐漸融合在一起了。

中元節怎麼過？

- **祭拜誰**：拜地官赦罪清虛大帝（即舜帝）、普渡孤魂野鬼。
- **有哪些重要傳統習俗**：

1七月初一起，民間陰廟都會開啟納骨塔或神龕柵門，表示釋放孤魂野鬼，當天傍晚，家家在門口擺設牲醴，點「老大燈」，犒迎好兄弟回到人間。

2放水燈、豎燈篙，通知水陸兩界的孤魂野鬼來參加普渡。
3七月十五日中元普渡，普渡時供桌須擺設在門外，不可「請鬼入厝宅」，桌下放置一盆清水，盆上覆蓋毛巾，並備髮梳、鏡子等供好兄弟梳妝打扮，要燒三巡香才算完成祭儀。
4八月初一陰廟便會將柵門關閉，表示封閉鬼門關，此時民間還會舉行送孤與搶孤的活動，將不肯返回地獄的孤魂野鬼送走。

有哪些傳統禁忌：

1中元普渡不可以準備鳳梨、水梨來拜。
2鬼月也盡量不要晚歸、戲水，行事都要格外小心。

問神達人王崇禮的
農民曆小補帖

農曆七月，寶寶不宜出門？

未滿周歲的寶寶，因為元神尚未穩定，易受驚嚇，一旦沖犯到不乾淨的東西，容易有吵鬧不安或是溢、吐奶的現象，即便不是正值農曆七月期間，父母也應該避免在下午五點後帶孩子出門。

3此月也不適合搬家、交易、結婚等等。

中秋

中秋節的傳説

遠古時代的射日英雄后羿娶了嫦娥後，成為帝王，可是他性格愈來愈暴戾，成了人人厭惡的大暴君。有一天，后羿從王母娘娘的手中求得到一包不死藥，只要吃了不死藥，就能成仙升天。妻子嫦娥知道後，就偷偷把不死藥一人獨吞，沒想到身體卻輕輕飄起，就這樣飛往月宮，至此孤單的一人生活在月亮上。百姓們得知嫦娥奔月成了仙女後，紛紛在月下擺設香案，向嫦娥祈求平安吉祥，由此便逐漸形成了中秋節拜月的習俗。

中秋節的由來

中秋一詞最早見於《周禮》，但是一直要到唐朝以後，中秋節才成為固定的節日，一般認為，中秋節開始盛行於宋朝。元末朱元璋起兵抗元的時候，曾經在月餅裡塞入「八月十五日殺韃子（即蒙古）」的訊息傳遞給同志，建立明朝後，朱元璋遂將月餅作為節令糕點賞賜群臣。

明清以後，中秋節已成為中國重要的傳統節日，民間盛行在中秋夜賞月、吃月餅，強調闔家團圓。

中秋節怎麼過？

- **祭拜誰：**拜月娘。

有哪些重要傳統習俗：

1 於月亮升起之時設立祭壇，擺出月餅、瓜果等供品拜月，等祭拜結束後再將供品分給家人吃。

2 吃月餅、賞月，相互聯絡感情，月圓人團圓。

3 賞桂花、吃柚子。

4 近幾年來，臺灣家家戶戶開始流行起在中秋夜進行烤肉活動，這應該是受到西方烤肉文化影響所產生的習俗。

有哪些傳統禁忌：月亮屬陰，因此男子不可設壇拜月。

下元

下元節的傳說

傳說中大禹是鯀的兒子，他的父親治水九年都沒有成功，於是舜改派禹治理大水，禹採疏導法取代父親用築堤的方式，因為他勤奮盡職，在治水的十三年中，三次經過家門都沒有返家探視。

因為治水有功，舜帝將位置禪讓給大禹，大禹將天下分為九州，國號夏，故中國又稱「華夏」。禹帝逝後，道教尊奉為「下元解厄水三品洞陰大帝」，認為下元節是禹帝下凡人間為民解厄之日，故稱「消災日」。

下元節的由來

道教的三元日，分別祭拜天、地、水三官，民間俗稱三界公。通常正月十五、七月十五和十月十五會一起祭拜三神，故稱拜三界公。在習俗中，因為祭祀三元的方法和供品大同小異，下元節不比有許多特殊活動的元宵（上元）和中元，漸漸較少人重視。其實三官各司其職，天官賜福、地官赦罪、水官解厄，他們彼此間的地位是無法取代的。

下元節怎麼過？

- **祭拜誰：**拜水官解厄洞陰大帝（即禹帝）。
- **有哪些重要傳統習俗：**可以搭配「謝平安」，獻金、獻戲或是協助廟方做平安醮，感謝諸神一年以來的庇佑。

冬至

冬至的傳說

從前有個叫墨斗公的木匠，他住的村莊土壤非常肥沃，農夫只要播種完就可以等著收成了。這些農夫無所事事，常聚在墨斗公的店裡聊天，墨斗公被吵得無法專心工作，於是吩咐他的徒弟到田裡灑木屑。

這被施過法的木屑會讓田裡長雜草，於是農夫得忙著割除雜草。沒想到墨斗公的徒弟因為覺得每天撒太麻煩，便一口氣把木屑都倒進田裡，導致所有的稻田長滿了雜草，急得農夫直跳腳。墨斗公發現徒弟闖下大禍，就把他變成一頭牛幫助農民除草，但牛的惰性不改，愛抱怨又不認真工作，於是佛祖在牛的下巴釘上一顆釘子，使牠不能開口抱怨，只能辛勤工作。

農事因為牛而輕鬆許多，人們知道牠愛吃湯圓，於是就把冬至當成牠的生日，除了餵牠吃湯圓，還在牛角、額頭上都黏上一顆圓子釘。為了感謝牛一整年下來的辛勞，牛可以在冬至休息一天。

冬至的由來

冬至不只是一個節氣，同時也是一個中國傳統節日，又稱「冬節」，而且俗語說「冬至大如年」。《尚書》稱冬至為「日短」，因為這一天太陽直射南迴歸線，對北半球而言，是白天最短、黑夜最長的一天。過了冬至以後，日照又會慢慢的北移，白天就會愈來愈長，晚上就愈來愈短。

冬至容易測量，是曆法演算的依據，在二十四節氣中有著重要的地位。加上陰氣由盛而衰，而陽氣開始增長，萬物開啟新的一番輪轉，因此冬至別具意義。漢代時，冬至還是公定節日，百官休息一天。

冬至怎麼過？

- **祭拜誰**：拜神明、祖先、土地公。

- **有哪些重要傳統習俗：**冬至早上吃湯圓，晚上吃燉補，可以補冬。另外，年底的「謝平安」酬神活動除下元節之外，也可在冬至舉辦。
- **有哪些傳統禁忌：**習俗上，出嫁的女兒在冬至的時候不可以回娘家過夜，否則有可能會剋死夫家。

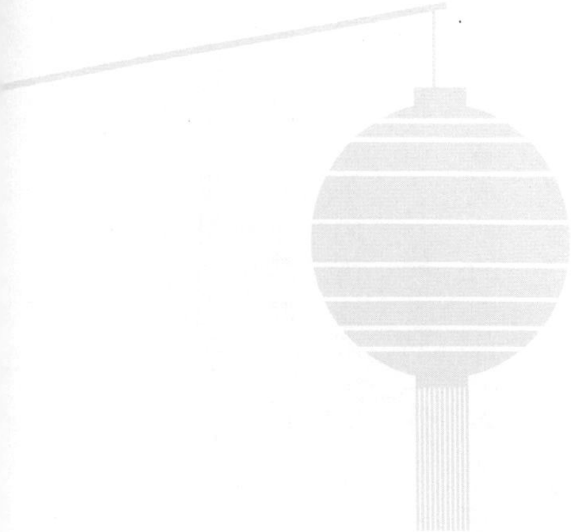

檔案 36

怎樣拜拜不失禮？

中國的民間傳統中，祭祀是生活的一部分，許多儀制代代傳承，因而祭祀場合有了許多的儀軌。供桌上該擺什麼供品？哪些神明要拜哪些供品？都有詳細規定。時至今日，仍可一窺這些古人的生活遺跡。

拜拜是傳統生活的一部分

中國人敬鬼神、畏天地，相信無論是天神、人鬼、地祇都需要誠心的敬拜，才能祈求長保平安、完成心願。所以祭祀是中國最重要的文化傳統之一，藉由禮法制度維持社會的和諧，上達天子、下至百姓，而有不同的規格要求。

現在，許多家庭已不會特別準備大魚大肉來祭拜神明，而採簡化的蔬果餅乾，有些人甚至直接供奉自己喜歡吃的東西。其實祭拜的過程中首要的是人們的心意，供品並不是最重要的。

以下整理傳統上較常見的供品名稱，幫助大家瞭解祭祀供品的種類及用法：

名稱	內容	用途
三牲	豬肉一大塊、雞一隻、魚一條 半生熟：祭拜神明 全熟：祭拜祖先	祭拜土地公、灶君、家中的各式神明、祖先
小三牲	簡化的三牲 一小塊豬肉、雞蛋、花枝或魷魚	謝外方、犒勞天兵神將
四牲	豬肉一大塊、雞一隻、鴨一隻或鴨蛋、海鮮一種	用於喜慶、神誕日
五牲	豬肉一大塊、雞一隻、鴨或鵝一隻、魚一條、豬肝一副或魷魚一條	玉皇大帝、三官大帝、城隍爺的大典、冠婚或喪祭
大五牲	整隻敬獻 全豬、全羊、全雞、全鴨、魚一條	酬神、做醮、拜天公
菜碗	六樣、十樣或十二樣的素菜，也有葷素不拘的，其中有三樣一定要具備：帶殼鴨蛋、米糕豆、小花蛤，及一碗白飯	素菜供奉釋迦、觀音、彌勒佛，葷素不拘的於中秋時祭拜土地公，除夕時拜天公，也用於祭拜祖先、孤魂野鬼
五味碗	用五個碗裝五樣菜作為祭祀品	祭拜地基主、有應公、謝外方
七味碗	用七個碗分別裝不同的粿食或糕點	供奉七娘媽
五齋	金針、木耳、冬粉、香菇、筍乾	祭祀天公等重要的祭典
六齋	木耳、金針、紫菜、菜心、香菇、碗豆、豆苗、蠶豆、桂圓、海帶、麵筋等素菜中挑選六樣	通常用於祭祀天公

四果	四時之應景水果，祭拜種類以一、三、五單數為宜	神明
五果	柑、橘、香蕉、甘蔗、蘋果	一般用在拜天公
五子	桂圓、紅棗、榛子、花生、瓜子	祭拜織女星
生菜	芹菜、蘿蔔、蒜、蔥	祭祀文昌君
油飯		祭祀七娘媽、註生娘娘、床母
麵線	把麵線紮上紅紙或紅繩	供奉神佛誕辰
清茶	三小杯	供奉神佛、祖先
酒	米酒三小杯	祭祀神明、祖先、冠婚喪祭、年節祭拜

老人家說有三種水果不能拜

1芭樂：含籽不容易消化，拜神明不敬。

2蓮霧：果實內部為中空，拜了會漏財。

3釋迦：形狀像佛祖的頭，拿來拜對佛祖不敬。

用對農民曆創造好風水

檔案 37

如何利用簡易風水改運？

很多人認為風水是一種迷信，但若我們願意深入了解一下，將會發現當中的古人生活智慧，有值得現代人參考的地方！

開運風水兩大方向

從古至今，無論是風水、堪輿無非是為了趨吉避凶（避煞氣），即避免負能量對身體或運氣的負面影響。一般開運風水的應用大體分為「巒頭」與「理氣」二種：

一、巒頭

巒頭是指「房屋內部的格局與周遭的形勢」，例如床鋪上面不宜有橫梁壓迫，會影響睡眠品質與運氣；門前不宜有電線桿衝射，會影響健康與運勢。

事實上，風水與日常生活是密不可分的，因為人就住在地球、地理之中，不可能脫離。因此，我們要選擇每天接觸、居住的環境的時候，一定會仔細觀察新家及其附近，舉例來說：交通方便與否、是否有色情行業、空氣與採光狀況、隔間配置是否適合家裡的成員……等等。這些，其實就是所謂「巒頭」的考量。

二、理氣

理氣是中國流傳許久的陰陽、五行、八卦、和二十四山與九星的概念。其中，九星就是「數」的應用，也是數術的一種：一至九的數字有其代表的能量，會依據風水輪流轉的原則每年分佈在不同的方位，而對該方位產生不同磁場能量的影響。有的正面能量會帶來好運，負面能量則會造成災病與不順；有好有壞、符合了易經「相對的一定共同存在」的原理。

什麼是九星克應？

風水伴隨著中國的舊曆一起流傳，延續了以立春節氣作為一年起始的認知，九星克應也是以一個農曆年為計算單位。它把房屋長寬各分為三等分，共得九格，每一方位都有不同的運氣吉凶；若住家有其他樓層則分層計算。

每到歲末年初，專業命理師都會算出該年的年紫白飛星，以

6東南 武曲	2正南 巨門	4西南 文曲
5正東 廉貞	7中間 破軍	9正西 右弼
1東北 貪狼	3正北 祿存	8西北 左輔

【2020年之陽宅九星圖】

此年紫白飛星入中宮順飛九宮，再據以畫出一整年的九星圖（也就是年紫白飛星圖），供大家作為調整家中風水氣場之用。

九星圖與河圖洛書的九宮格類似，每個星數代表不同事情面向之吉凶，每年的運勢也會不同。九個數字各有不同的意義，對人體也會產生不同的吉凶克應，影響健康與運氣。只要懂得善用吉氣，就可以達到旺上加旺的效果；減低或化解凶氣，則可以避免一些災病發生。

九星數字在風水上的應用

九星數字的開運方法相當簡單，一般人都能用，除開運外還可當作居家布置。

九星數字1

吉凶：利於桃花、升遷、人緣、愛情運。

開運：可放置金屬製飾品或流水飾品增加好運。

九星數字2

吉凶：代表病符，容易有小病痛、腸胃病等現象。

開運：可放置銅葫蘆化解病氣。

九星數字3

吉凶：代表口舌是非、破財。

開運：勿放流水飾品、魚缸等，以免破財。擺上紅色系的物品可減少是非、破財。

九星數字4

吉凶：代表文昌位。

開運：放富貴竹，竹節處綁上紅緞帶以平衡陰氣，可增進家人讀書、考試、工作效率。

九星數字5

吉凶：代表災病，容易感冒、生病、受傷。

開運：不宜放大型電器用品、流水飾品、魚缸等，以免身體不適，可放銅葫蘆解煞氣。

九星數字6

吉凶：利於官運及事業運。

開運：可懸掛風景畫和書法以幫助開運。

九星數字7

吉凶：代表口舌之爭、受傷及不好的桃花。
開運：放置水生植物可化解。

九星數字8
吉凶：不僅利財，也有利健康及各方面之運勢。
開運：可放置黃金葛、聚寶盆、紫晶洞、魚缸、流水飾品等器物，有助於聚財。

九星數字9
吉凶：代表喜慶、桃花、姻緣、升遷。
開運：可放花瓶，花瓶內經常放清水及鮮花，有助於增進桃花及戀愛運，用綠色小盆栽也可以。

我家的方位如何判斷？

談到風水改運，首先要知道自己家的座向，一間房子一定會有一個主要採光面，所以一般會以客廳落地大面窗的方向當朝向，若客廳在後方也非主要採光面，就以前方面巷主採光面為朝向。

至於方位，切不可從早上日出的方向來論定，這可能產生失誤。風水要求的是更精確的方位，所以一定要以羅盤或指北針來測量（測量時關掉手機等電器用品，以免干擾），站在屋子的正中心處，找出正北0度的位置，依此畫出八方的位置所在。

檔案 38

如何利用風水挑好宅？

本篇用既淺顯又科學的方式教你利用風水挑好宅，風水不再蒙上一層神祕面紗，也可以很生活、很實用！

所謂好宅，就是與居住者氣場和諧，居住起來人宅兩安的房子。古代風水師在選擇居住環境時，往往認為「山環水抱、藏風聚氣」的地方最佳。現今在都會中要找到上述條件的房子當然很不容易，但我們仍可以就「藏風聚氣」的原則挑選好宅，至少，一定要避免挑到下述不利家運的六大類房子。

這六類房子最好別買

一、路見不平的房子

傳統風水認為，傾斜較嚴重的地勢隱藏了破敗和風險的訊息，當然不是好宅。造成「路見不平」的基地情形可以簡單分成三種：

1 **矮路一等的社區**：會有這種情況的出現，主要是因為馬路愈鋪愈高、一年長一寸，造成許多舊房子或是舊社區的地基變得比馬路矮了一截，這種房子在遇到下雨的時候，排水通常不太好，所以屋內容易潮濕發霉；而在平時不下雨的時候，路上紛飛的塵土廢氣又容易飄進屋內，影響居民健康。除此之外，還容易有汽機車跌入、車子從高處撞入等的危險，實在不是好宅。

2 **靠山山倒**：山上的房子雖然景觀優美，但是常有令人「一樓、二樓傻傻分不清楚」的結構——正門看是一樓，但從後門或側面看卻像在地下室，這樣的房子容易有走山、土石流的危機，購買前一定要詳查它的地質結構、是不是順向坡等，如果是位於順向坡的房子，最好別買。

3 **高路一等的社區**：當一個新建社區特意砸大筆錢要墊高地基，就可以判斷建商了解此地有這種「特殊需求」——也就是容易淹水啦！仔細觀察，這個地方可能比較低窪而且不易排水，就算不是每年颱風來就淹，也可能是三、五年會淹一次，最好事先調查清楚，再決定要不要入住。

二、噪音大的房子

風水認為住宅外圍環境也是有能量的，良性能量對屋主事業、身體各方面都有幫助，凶性能量則會給房主帶來災難。因此噪音大的地方如機場、工廠、屠宰場的附近，不宜人居。

三、死巷內的房子

風水上說住巷底運氣不好，事實上，假設意外發生而消防車或救護車卡在巷口進不來，或是車子被人堵在巷口出不去，住這樣房子的人當然很「衰」。治安方面，打架鬧事、偷竊、搶劫也常發生在暗巷；以通風角度而言，一堆髒空氣留在巷子裡也是不健康。最後也有房子靠太近噪音與隱私暴露的問題，當然不是好宅！

四、高架橋旁的房子

風水認為高架橋經過的房子有「攔腰煞」，事實上，就客觀層面來看，這種房子也有以下的缺點：

1 行車往來灰塵、廢氣、噪音多，別想開窗透氣。

2 容易被偷窺到隱私，總是拉上窗簾，會有室內光線不足的問題。

3 比高架橋低雖然不會有第二點的問題，但天空會被擋住，想欣賞一下藍天白雲或稀微星光都不行！

4 如果旁邊是捷運高架橋，還要小心高壓電所形成的電磁波。

五、煞氣與陰氣重的房子

傳統風水認為，官署、軍營、監獄等場所的附近，都不宜居住。因為這類地方的肅殺之氣較重，有著對人不利的煞氣，就像有會傷人的老虎隨侍在身一樣，又稱為「白虎」。

寺院、廟宇等場合因為陰性能量特別大，而被人認為不宜人居，按術數家的說法就是：孤陰不生，孤陽不長。陰氣形成的氣場缺乏生生不息的能量，也常有噪音及煙味較重的問題，當然不是好宅。

避免住在醫院旁邊，尤其不要正對急診室或太平間，陰氣較重。殯儀館、墳墓也有類似的問題，而且上述地方不是常有救護車呼嘯而過，就是有播放五子哭墓的靈車經過，噪音干擾一定少不了，最好避免與這些地方為鄰。

六、位於路衝的房子

一條路承載了眾人的奔波勞碌，甚至是車禍傷災的訊息。如果這類紊亂的能量直衝大門而進，對居住者當然非常不利，故不認為是好宅。從安全角度來看，一出大門就是一條馬路直衝而來，車輛容易撞入。事實上，新聞中報導也不乏有民宅遭車撞險象環生的事件，這樣的住宅當然不宜人居。

什麼是凶宅？

「凶宅」在民間的說法原本是指曾經發生「非自然死亡」的房子，例如凶殺、自殺案，也包含跳樓者的「出發樓層」。

檔案 39

如何運用風水佈置好宅？

住在都市的大多數人都得面臨選擇公寓與集合式住宅的現實面，有些單身貴族甚至會選擇套房，這些房子也需要科學風水格局的考量。一般常有人認為風水是無稽之談，看完本篇，你就會了解風水其實融入了許多生活的經驗與智慧，是實用的居家指南。

屋外格局四不宜

雖說就風水學來說屋內的格局很重要，但屋外環境與一個人的氣場也是息息相關的，因此選擇住屋時這些屋外的格局也要注意避免，不僅顧到了風水，也有安全與衛生、通風上的考量。

一、最後一名的套房

現在因單身人口愈來愈多，一層大樓中塞滿了十幾甚至二十幾戶小套房比比皆是。想要購買套房時，建議不要選長長走道盡頭的那一間，因為那就跟住在死巷底的禁忌一樣，是風水上的不良住宅。另外，走道有轉角、視線死角或太靠近逃生梯的位置也應避開，因為那是歹徒偷襲的好地點。

二、走道或樓梯有放鞋子、鞋櫃的房子

風水很講究氣流通暢，門口正對別人的鞋櫃會帶來濁氣，阻擋財運。當你看中的地方「原居民」已經有放鞋子在外面的習慣，要他們因為你的加入而改變配置基本上是相當困難的，最好一開始就避免選這種房子。

鞋子的擺放主要是影響氣味與衛生問題，另外也有安全上的考量，地上的鞋子或櫃子易拌倒人，尤其是老人家；若遇到地震火災，更是逃命的阻礙！

三、大樓公共設施在同一層的房子

有些社區或大樓會在某個樓層設置公共設施，例如健身房、麻將間、交誼廳、卡啦ＯＫ，這些設施當然會對功能性加分，但如果這些設施是出現在你居住的那一層時，可就不大好了，除了有風水上認為不宜的噪音干擾外，陌生人來來往往也會有保安的問題。

四、有中繼水箱的房子

高樓層的住家大樓為了解決水壓以及供水問題，通常會設置中繼水箱與加壓馬達，風水上本就認為

大水壓頂不好，怕吵的人當然也不喜歡馬達聲在半夜干擾。另外，要是施工品質不好或年久失修而造成漏水等問題，要解決起來可是令人頭痛的！

屋內格局要注意

屋內格局是風水上更斤斤計較的地方，床擺哪？頭朝哪邊睡？書桌放哪邊成績才會好？什麼擺飾、顏色可以增加財運？或許有些人對這些嗤之以鼻。但就買房租屋的挑選來看，有些重要的「科學風水」依舊仍然值得現代人關心。

一、主臥房最好位於大門斜對角

風水上說主臥房要在大門斜對角的位置，姑且不論運勢而言；最角落的臥室相對比較安靜，當房子的男、女主人可以有良好的睡眠品質，好的休息是白天打拚的基石，運勢當然旺。另外，離客廳遠遠的好處就是一出房門不會驚嚇到訪客，隱私、面子兼顧，可以創造美好的人際關係。

二、門與門勿相對

「門門相覷」也是風水大忌，一般認為這樣住戶容易吵架。其實，稍微設想一下，就會覺得這樣的說法是有點道理的，臥房對臥房、廚房對臥房、廚房對廁所、臥房對廁所等等，人如果同時從兩扇門一出來很容易彼此對撞，要不上火可真是要有修養才行！此外，就環境品質而言，廁所、廚房等地方的氣味或潮濕熱氣傳到臥室等地方都不是很好，對健康也可能會帶來負面的影響。

尤其冰箱門或瓦斯爐對著廁所門非常不好，早期的房子還有把廁所放在廚房裡的不良設計，想買房子的人就別考慮這種格局吧！

而已經住在這種格局的人也不要自怨自艾，利用及膝長的門簾阻隔一下、廁所放萬年青等盆栽，或清淨機、乾燥機除臭除濕，甚至門上掛個小鈴鐺警示有人要出來了，也都有改善效果。

三、廁所在中間

這種格局在臺灣曾經相當流行，尤其在透天厝中非常常見，但是這類廁所就沒有自然採光，空氣也不容易流通，只能靠小小的抽風機轉個不停除濕，潮濕的浴廁也容易發霉，非常不衛生。

另外，廁所在中間的格局容易造成旁邊的臥室床頭會靠著廁所壁睡，而浴廁或水管的聲音可能會讓人睡不安寧，這也是一大缺點。

四、門門相穿到底

這也是風水有名的大忌「一箭穿心」，常見的狀況是大門或客廳窗戶對著廚房的門，廚房的門又正對著陽臺的門；至今仍然有建商會為了省走道空間而蓋出這種格局。

這種格局的壞處類似門門相對所造成的氣流問題，尤其為了通風，客廳窗通常會打開，而煮飯時也會打開陽臺通風，造成爐火容易被吹熄；要是瓦斯外洩的話，整間房子都會有危險。所以最好還是要用長門簾、屏風擋一下比較好。

尋找家中的財位與文昌位

文昌位和財位是目前陽宅風水佈局的重點，簡述如下：

財位

家中財位分明財位與流年財位，明財位位於大門進來四十五度斜對角位置的牆面；流年財位須以羅盤或指北針判斷，人站在屋內的中央面向主要採光面（一般會以客廳落地大面窗的方向當朝向），當指針指向北時，請確認你正前方的方位，背後就是座，面向就是向，確認你的座向後，找出房屋內的正東方，那就是今年的流年財位。

財位放什麼擺飾可以催財呢？一盆厚葉四季的長年盆栽（土栽）是最適合的，生長力旺盛的植物可以帶動整個財位的氣勢，而要忌放仙人掌、玫瑰之類帶有煞氣的植物。

另外，金蟾蜍或財神爺、彌勒佛像等，也是很不錯的選擇。但不適合放風水球這類水流來流去的擺飾，這樣難以積財。財位一定要保持明亮與乾淨，不要放電器或櫃子之類的傢俱，也不要放花，花有花錢的意思，財會守不住。

文昌位

在家中設置正確的文昌位，不僅可以提升小孩子的考運，對大人需要用腦力的工作也可以激發創意。文昌位也有兩種，一種是宅文昌，在家中有固定的位置，而流年文昌每年有不同的方位。

照八宅風水的看法，凡是四綠文曲的所在方位，就是房屋的文昌位。而流年文昌依每一年四綠木星飛臨的方位，就是當年的流年文昌位。例如二〇二〇年四綠文曲在西南方，西南方就是今年的流年文昌位。由以上可知，一個房子並非只有一個固定的文昌位，如果自己無法確切瞭解自宅的文昌位，最好還是請教有經驗的風水師，由整體佈局的考量來決定。

保留陽臺是上策

在臺北，許多人為了增加室內空間，而將前陽臺廢掉打通，變成客廳的一部分；或將後陽臺併入廚房或臥室的空間。不過陽臺在風水上有其意義：前陽臺代表居住者的人際關係，後陽臺則與後代子嗣相關，而且陽臺可以蒔花弄草，增加與陽光接觸的空間，所以還是盡可能的保留陽臺空間方為上策。

檔案 40

如何佈置帶來好運的客廳？

客廳是家中接待客人的地方，也是住家當中家人聚集、共同活動的中心，通常設在陽宅大門一進去的隔間，不僅在空間設計或人文意義上具有重要地位，在風水上也是佈置的重點。

客廳的開運要點

傳統風水認為，客廳在家中具備著舉足輕重的位置，裝潢的好壞會影響到家運，是陽宅風水中最重要的一環，以下就常見的客廳開運原則作介紹：

大門應避免的重點

1 **面對高壓電塔、變電箱、電線桿：**電磁波恐怕有礙健康。

2**面對別人屋角：**「屋角煞」會帶來血光之災，此外，窗戶也應避免屋角煞。
3**正對馬路口：**也就是「路衝」，容易直接被車撞，可以用樹或石敢當化解。
4**正對廟宇：**廟宇燒紙錢污染空氣，辦法會會有噪音，陰氣又重，對運勢與健康都不好。
5**正對電梯門：**易被突然打開的門嚇到，風水認為電梯會帶來晦氣，對健康不好。
6**門前堆放垃圾：**穢氣有損健康與運氣。
7**門前有枯樹：**腐朽與死亡的意象會讓運勢不順，家人多病。
8**正對穿堂或浴廁：**會使家人破財，最好用屏風或櫃子隔開。
9**正對廚房爐火：**爐火位置也是傳統灶神的位置，就是所謂的「財位」，大門正對廚房爐火會引發錢財露白的聯想，不吉。

客廳位置

客廳宜在房前、不宜在房後，最好在住家前半部靠近大門的位置，如果需要經過玄關或走廊才能到客廳，那麼玄關與走廊務必要保持乾淨與明亮。

客廳採光

1客廳應該要有充足的陽光，陽臺若有盆栽也不可遮擋陽光。
2夜晚時燈光要夠明亮，裝潢不宜採取太暗的色調。

客廳格局

1客廳的空間最好是方形，如果是L型就用傢俱隔成兩個方形比較好。
2客廳是迎財神的最前線，最好是全家面積最大的地方。

客廳地板

有些房子可能因為地勢或裝潢美觀而設計出地板的高低層次，但就安全層面而言容易讓人絆倒，風水上也是不吉。

客廳傢俱

1神桌不能放在樑下、也不能面對廚房或廁所。
2樑下有磁場干擾，沙發要避免放在樑下。
3沙發背對大門容易犯小人，應避免。
4傢俱勿堆放太多，記得保持良好的動線與通風，否則易影響到一家人的健康與財運。

入門四十五度角是家中的「明財位」

大門四十五度斜對角位置的牆面，是家中的「明財位」，財神爺喜歡乾淨，所以請將這個位置保持明亮、打掃乾淨，可以選擇擺放存錢筒或聚寶盆、吊掛金元寶等招財吉祥物催財。

客廳擺飾

1 牆角勿放鏡子。
2 魚缸不能太大。
3 不宜掛猛獸圖或裸女、春宮圖。
4 避免放置人造花草。
5 不宜堆放太多古董雜物。
6 避免放動物標本、刀劍、凶器與尖銳物品。

「家是最安全的避風港」，客廳的風水改運其實頗有科學根據，也兼顧居家安全，不妨現在就將家中客廳檢視一遍吧。

魚缸不能隨便放

很多人喜歡在家中放魚缸、風水車等有關水的擺飾來招財，但小心位置放錯反而可能導致「破財」，因此想要藉由放魚缸來招財、改運的人，建議請教一下專業的風水師吧。

農民曆相關的養生概念

檔案 41

五行食療養生法

陰陽最初的定義應該是指陽光的向背狀態；見到陽光的地方屬陽，見不到陽光的地方屬陰。後來古人又把陰陽擴展到抽象的哲學範疇；把所有動態的、上升的東西屬陽，所有靜態的、下降的東西屬陰。而中醫就是以陰陽兩種屬性特徵來表述身體的平衡狀態，認為陰陽如果達到平衡，人就不會生病。

以陰陽五行為基礎的中醫

中醫基本上是以陰陽五行為基礎，運用在人體解剖部位方面，就會被區分成外為陽、內為陰，上為陽、下為陰，背為陽、腹為陰，皮膚皮毛為陽、臟腑為陰，頭在上為陽，足在下為陰。

《內經》上說：「陰平陽祕，精神乃治。」這是指人體陰陽保持在平衡的情況下，身體就健康。當人體陰陽失去平衡，就會表現出各種病症來。

古人對症狀的分類，也是用陰陽來分的。舉例來說，陽證一般表現的症狀有：發熱、口渴、脈數

（快）等等，又稱為「熱證」；陰證一般表現的症狀有：手足冷、脈遲（慢）等等，又稱為「寒（即陰）證」。

另外，中醫把功能上相關的、屬性上相同的器官當作一個整體來區分。這樣劃分的結果就是，五臟並非指肉眼看得到的五臟，而是以陰陽五行為主要思想來類比，將外在環境與人體分為五大類，以便於瞭解各種事物之間生剋的關係。

中醫的五臟六腑

五行	五臟	六腑	功能
金	肺	大腸	呼吸、排泄
木	肝	膽	儲血、輔助消化
水	腎	膀胱	儲存精氣、代謝水分
火	心	小腸	送血、主精神意識
土	脾	胃	消化、輸送水穀精華
		三焦	人體的氣化與水穀的運行通路

五行食療養生法

古代醫學借用陰陽五行學說來解釋人體生理、病理的各種現象，連日常的飲食與養生也不例外：

五味	五色	作用臟腑	功效	對症	相對食物
酸	綠色 青色	肝	抑制汗與尿的排出	多汗、頻尿、拉肚子、流鼻水	菠菜、芹菜、芥藍、豌豆、洋白菜、大白菜、荷蘭豆、薺菜、美生菜、奇異果等。
苦	紅色	心	將多餘的熱與水分排出	高燒、便祕	紅棗、酸棗、柏仁、松果、花生（小心炒花生上火）、山楂、枸杞、牛蒡、紅皮蘋果、紅醋、紅豆等。
辛	白色	肺	促進氣血循環	感冒初期、食慾不振	蔥白、薯片、白蒜、白芝麻、白蘿蔔、核桃、洋蔥、韭菜等。
鹹	黑色 紫色	腎	軟堅散結	頭頸酸痛、便祕	黑棗、黑芝麻、海帶、黑米、黑豆、紫米、章魚、紫菜、栗子、甲魚、木耳、醬油等。
甘	黃色 桔黃	脾	滋養、可緩和疼痛	胃痛、疲勞	黃小米、黃豆、香蕉、桔、橙、地瓜、糖、菜花、胡蘿蔔、牛肉、豆腐等。

許多養生專家倡導五色飲食，目的是為了營養均衡。也許我們無法記牢每一種食物的營養成分，但是每天都吃各種五顏六色的食物（注意，有人工色素的食物不算），就可以減少營養失衡的情況了。

飲食宜忌到底準不準？

傳統的農民曆都會以「食物相剋圖」為封底，利用簡單的插畫，提醒大家在飲食上要注意的地方。只是隨著醫學知識日漸普及，這張曾讓人疑惑不已的食物相剋表已漸漸難以看到了。

其實仔細觀察，食物相剋表上的食物多是海鮮類產品，在先民早期的生活環境中，大都是靠大

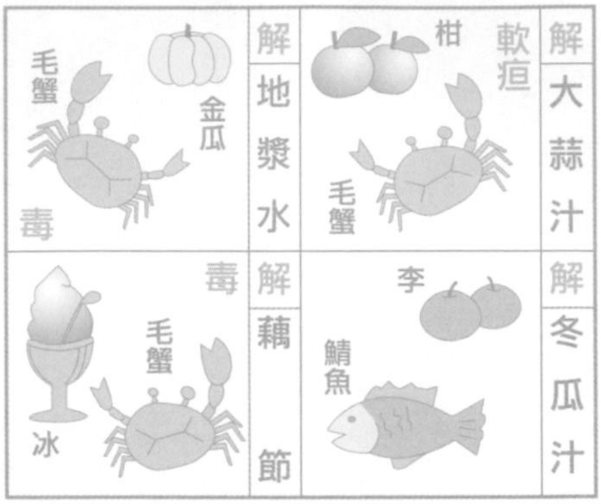

地孕育的作物為生，海鮮類的食物較不常見，加上不容易保鮮，以及環境衛生不良，在食物的保存、烹調上容易沾染細菌，讓這些海鮮、肉類容易腐敗，如果這時候剛好有人吃下肚，就會產生中毒。於是以訛傳訛，大家漸漸彙整出一些食物禁忌，產生了這張食物相剋表。

此外，相剋表中有些概念其實有點根據。譬如現代醫學也認為李子和柿子不適合與海鮮、肉類一起吃，這是因為李子、柿子中含有單寧酸，單寧酸與蛋白質結合，容易形成一種不容易消化的沉澱物質，因此，吃富含單寧酸的食物，又同時吃含有蛋白質的牛奶、海鮮、肉類等，的確容易造成胃部不適，所以不宜搭配一起吃。

檔案42

一年四季養生法

中醫理論根據二十四節氣的傳統，把五行的觀念融入養生之道。利用五時相對應人體的五臟，提出了四季五補的概念，值得現代人參考。

春（立春、雨水、驚蟄、春分、清明、穀雨）

中醫：春天氣候溫和，是萬物生長的季節，人體也開始有生發之氣。而春天在五行裡屬木，在五臟中與肝相應，所以春天是養肝的黃金時期，適宜升補氣血。適合補充的藥材有：山藥、白朮、黨參、黃耆、杜仲等等。

西醫：春天氣候的變化較大，常會忽冷忽熱，需要格外注意穿著。另外，由於天氣開始由寒轉溫，細菌容易滋長，為避免春季疾病的發生，首先要消滅傳染源；而且要保持室內空氣流通加強身體機能，提高抵抗疾病的防禦能力。特別要注意口鼻保健，減少受病菌感染。

食補：春天氣候回暖，但空氣較乾澀，需多攝取蔬果來補充水分，可食用金針、韭菜、芹菜、白菜、香椿、百合、豌豆苗、春筍、山藥、藕、芋頭、魚、蛋、牛奶等食物來養肝臟，忌辛辣和高熱量。

夏（立夏、小滿、芒種）

中醫：夏季氣候悶熱、屬火，火對應的臟腑為心，需要用清涼的食補來緩和熱氣，宜於清補。適合補充的藥材有：玉竹、金銀花、蘆根、荷葉、大棗、芡實、小麥、麥冬等等。

西醫：這個季節的保養重點是「防患於未然」，在天氣變熱之後，人們容易穿著過少、開冷氣、吹電扇，並提高生食、冷飲的機會，太冷的食品快速進入體內，容易使身體產生不適，引起頭痛、消化不良等症狀，而且容易感冒，所以需要特別注意預防。

食補：夏天適合以清淡的清補為主，可以選擇較為清爽的食材，如椰汁、薏仁、綠豆、冬瓜、絲瓜、黃瓜、水芹等，同時要避免油膩、酸辣等重口味的料理，以及油炸燻烤的烹調方式。簡而言之，夏季的食補大方向就是盡量以蔬食為主，才能達到溫和的清補作用。

長夏（夏至、小暑、大暑）

中醫：長夏氣候炎熱，在五臟中對應的是脾，這時候最適合用淡補的方式。在中醫的養生保健中常有「冬病夏治」的說法，對於那些每逢冬季發作的慢性疾病，如慢性支氣管炎、肺氣腫、支氣管哮喘等症狀，是最佳的治療時機。

適合補充的藥材有：茯苓、青蒿、藿香、白朮、決明子、玉竹、金銀花、蘆根、荷葉、大棗等夏季適宜的藥材。

中醫有「以瀉代補」之說，即瀉除過多的濕氣，冬瓜、薏仁都是最佳食品，可以幫助排出濕氣。

什麼是三伏貼？

中醫有「冬病夏治」的傳統，因此冬天好發過敏性疾病或容易感冒的人，不少中醫會建議病人在夏天最熱的時候來貼三伏貼，治療過敏症狀。三伏日是由二十四節氣中的日期，和干支紀日的日期相配合來決定的，指的是夏至以後的第三個庚日、第四個庚日和立秋以後的第一個庚日。古人認為，這是一年之中最炙熱的三天——初伏、中伏、末伏，在背部的大椎、肺俞、脾俞、膏肓等穴，用藥物敷貼，連續施行三年，據說效果不錯。

西醫：因為氣溫太高，加上容易飲食不當，消化道疾病也因而容易發生，所以應盡量維持適量的飲食。長夏也要注意中暑現象，避免在烈日下過度曝曬、睡眠要充足、講究飲食衛生，可以減少中暑的發生。

食補：長夏除了氣候炎熱，濕度通常也較高，使得人體的熱度散發更困難，所以長夏的養生重心是「去濕」，要多吃薏仁、冬瓜、紅豆、荷葉、扁豆等。另外像椰汁、綠豆、絲瓜、黃瓜、荸薺、木耳、蓮藕、山藥等較清爽的食材也都可以多吃。

秋（立秋、處暑、白露、秋分、寒露、霜降）

中醫：秋季氣候涼爽、屬金，金在五臟中屬肺，需要用平穩的方式漸漸補強身體，以應付即將到來的寒氣侵襲，宜於平補。適合補充杏仁、蜂蜜、川貝、白果、黃精、枸杞子等。

西醫：秋天是氣候由熱轉涼的關鍵時節，日照的時間也會逐漸減少，需要格外注意氣候的變化：前期可能還有夏天的尾巴——「秋老虎」會出現較熱的天氣；後期逐漸靠近冬季，溫度會明顯下降。秋季氣候乾燥，容易使皮膚、支氣管、呼吸道產生乾燥感，是慢性支氣管炎容易復發或加重的季節。

食補：有支氣管方面疾病者可多吃滋陰生津的食材，如銀耳、水梨、蓮藕、蓮子、栗子、芝麻、糯米等。清補柔潤的中藥，像是核桃、山藥、紅棗等也不錯，但偏寒涼性的瓜果最好少吃，並避免攝取太多辛辣刺激之物，如辣椒、大蒜、胡椒、濃茶、咖啡、酒等。

冬（立冬、小雪、大雪、冬至、小寒、大寒）

中醫：冬天氣候寒冷、屬水，容易感冒傷身，需要補身養氣；對應的五臟器官屬腎，宜於溫補。人們在經歷春、夏、秋的消耗之後，體力精神自然比較虛弱，又將迎接寒冷收藏的季節，合理的食補可以及時補充身體營養，抵抗外在氣候的嚴寒，又能穩固來年的健康基礎，達到事半功倍的效用。適合補充的藥材有：人參、鹿茸、核桃等。

西醫：冬天天氣較陰冷晦暗，使人精神容易頹靡。現代醫學研究發現，氣候會影響人的情緒高低，尤其對於憂鬱症患者有直接的影響力。這是因為與憂鬱症相關的神經遞質中，腦內5—羥色胺系統與季節變化密切相關。春夏兩季的5—羥色胺系統功能最強，秋冬時期會變弱，當日照減少，失眠、煩躁、悲觀等症狀就會產生，有憂鬱症傾向的患者在秋冬之際需多加留意。另外，冬季也是感冒、流感好發的季節，對抵抗力弱的老人、小孩族群威脅性尤其大，一定要好好保暖，適當補充營養。

食補：中醫認為在冬季應多吃性溫熱、可禦寒的食物，如羊肉、海參、枸杞、韭菜、胡桃、糯米等。另外大棗、花生、核桃、栗子以及各式的黑色食品，如黑米、黑豆、黑芝麻、黑木耳、黑棗等，都具有補腎的功效，可以多吃。

五時	五臟	五行	四季五補
春	肝	木	升補
夏	心	火	清補
長夏	脾	土	淡補
秋	肺	金	平補
冬	腎	水	溫補

檔案 43

一日十二時辰養生法

古人認為，十二經脈搭配十二時辰，各有氣血流注的時間表，採取相對的行為，對於養生相當有益。

十二經脈對應十二時辰

古代一日分為十二個時辰，所以一日養生也稱為十二時辰養生。十二時辰和人體的五臟六腑、經絡系統關係密切，體現中國人天地人三者的互動，所以中醫認為，人體無法自外於環境的大宇宙，本身就是個小宇宙。人體的經絡系統包括十二經脈、奇經八脈、以及十五絡脈，但本篇主要提到的是十二經脈。這十二經脈的循行在體表分布於頭、身、四肢，在體內有主要聯繫的臟腑，為天地人三才合一的體系。中醫認為十二時辰中各有氣血循行流注的經脈與臟腑，所以針對每個時辰的氣血流注來保養相對的臟腑，是養生效果最佳的選擇。

一天怎麼過最養生？

子時（晚上十一點～凌晨一點）——足少陽膽經，睡眠保護陽氣

子時是一天中太極生命鐘的陰極，按照陰陽消長的規律，此時的陰氣最重，而陰是主管睡眠的，所以應該要讓身體處於熟睡的狀態。

要注意的是，如果想要於子時熟睡，至少應該在十點半左右上床。子時氣血循行於膽經，膽經引導陽氣下降於腎，最好用睡覺來特別保護這份陽氣。中醫認為經常熬夜的人肝腎容易併發疾病，若常吃宵夜，也容易有小腹突出的肥胖問題。

丑時（凌晨一點～三點）——足厥陰肝經，黃金造血期

丑時氣血循行於肝經。肝經是主生發的，要解毒、造血，就是在這個時候進行，因此，半夜裏千萬別去酗酒或沉迷於遊戲，這個時候人體得休息，肝還要工作。有肝病的人更是千萬別熬夜，否則容易發病。

寅時（凌晨三點～五點）——手太陰肺經，號脈的最佳時機

又稱之為平旦，此時天地間的陰陽開始平衡，氣血循行於肺經，因此肺功能不好的人，如有氣喘、鼻子過敏的人，易在此時發病，要小心。此時也是中醫號脈最準的時候。

卯時（早上五點～七點）──手陽明大腸經，空腹喝水好排毒

卯時氣血循行於大腸經，在天地之象代表天門開，也就是萬物因陽氣的生發冒地而出，是排便的最好時機。養生專家常建議起床後空腹喝一杯水，幫助排便，排除體內毒素。中醫還認為「肺與大腸相表裡」，當寅時肺氣實了，卯時才能正常的排便；若此時起床能順利排便，也被視為是身體健康的表徵。

辰時（早上七點～九點）──足陽明胃經，早餐要準時吃

辰時氣血循行於胃經，此時消化力最好，一定要用早餐。脾胃是人體中氣之本，早餐要吃五穀類主食，吃得豐盛些也不易發胖，反而可以轉化成有用的營養與熱能，供一天活動所需。

巳時（早上九點～十一點）──足太陰脾經，工作學習的第一段黃金時間

巳時氣血循行於掌管消化的脾經，此時會吸收早餐所攝取的營養，也是大腦最具活力之時，是人一天中的第一個黃金時間，也是老人家鍛鍊身體、上班族與學生工作學習效率最高的時候。一定要在上一階段吃好早餐，保證脾經有足夠的營養可吸收，大腦才能發揮功用。

午時（早上十一點～下午一點）──手少陰心經，睡好午覺養陽氣

中午氣血循行於心經，此時應該要吃午飯、睡午覺。按照太極陰陽氣化的規律，這個時候陽氣最旺，用完午飯稍微休息再繼續工作會很有效率。陽虛的人此時要好好睡上一覺，最養陽氣。

未時（下午一點～三點）——手太陽小腸經，保護血管多喝水

未時氣血循行於小腸經，是小腸吸收營養的時候，反而不宜再進食。這時血液中營養很高，很粘稠，就像尖峰通勤時候的車流，這個時候最好喝一杯水或茶來稀釋血液，能達到保護血管的作用。

申時（下午三點～五點）——足太陽膀胱經，工作學習的第二黃金期

申時氣血循行於膀胱經，是第二個黃金時間。此時營養都由小腸送到大腦，因此大腦精力很好，要抓緊工作，提高效率；會在此時感到身體不適、腰背酸痛的人，要提防是否有腎臟、膀胱方面的問題。

酉時（下午五點～晚上七點）——足少陰腎經，預防腎病的最佳時期

酉時氣血循行於腎經，應該要再喝一杯水。這杯水很重要，有助於排毒，也可以清洗腎與膀胱。

戌時（晚上七點～晚上九點）——手厥陰心包經，工作學習的第三個黃金期

此時氣血循行心包經，血液循環旺盛，是一天當中的第三個黃金時段，適合學習或鍛鍊身體。但是此時也有血壓稍微升高的趨勢，因此不適宜作激烈的運動，也要記得補充水分，讓血管保持暢通。

亥時（晚上九點～晚上十一點）——手少陽三焦經，上床休息

亥時氣血循行於三焦經，三焦總司全身氣機與氣化，也為水液運行通道，此時應放鬆，準備睡覺。

附錄

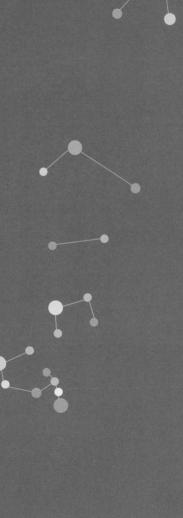

一輩子都用得到農民曆

不管你是不是農民曆的重度使用者，除非你是非常「鐵齒」的無神論者，在遇上人生大事時，一般人免不了會參考一下農民曆，求個心安！

現代人參考農民曆的常見時機點

事件	如何參考農民曆？
孩子出生	依孩子的預產期、性別、父母的出生年月日，挑選孩子出生的好命時辰（剖腹產適用）。
孩子命名	參考孩子生肖與八字算命，取好名。
搬家	查詢適合入宅及安床之日，避開居住者及當天會參與儀式者的生肖所沖煞之日子。
嫁娶	參考農民曆上適合結婚的好日子，亦可依結婚兩人的生辰八字來挑選。
喪葬	參考農民曆上適合火化、安葬、入殮等日子，也可以請教風水命理師依據往生者的八字年歲，進行詳細的盤算。
安太歲	農民曆的第一頁會載明本年輪值的太歲名字，家人出生年的地支（生肖）若和值年太歲的地支相同或對沖，或是歲數等於十二的倍數時，就要安太歲。
開市	經過春節假期的休息，許多公司行號、商家都會找一個良辰吉時開市，此時就可以參考農民曆第一頁「正月開市吉日」列出的日期與時辰。
動土、破土、維修	參考農民曆第一頁列出的「土王用事」，此四天最不宜動土，最好避開。

多數的華人一生當中一定會用到農民曆，有些人拿到農民曆時，會檢視一下未來的一年自己與家人的運勢，例如需不需要安太歲？新年度適宜與禁忌的事務有哪些？在臺灣較傳統的鄉村之中，不少虔誠的農家甚至每週都會參考農民曆，播種與收成的時間都要「看日子」，希望今年能夠有個大豐收，一家人平安和樂。

現代的工商業社會已不再如此依賴農民曆，作為行事的唯一參考，不過農民曆的影響依舊滲透於我們的日常生活中。譬如每年開春之際，就會有很多算命專家提出新年的運勢預測，供大眾做個開運的參考，而且每逢人生大事時，多數的人仍會參考農民曆，為自己挑個好日子，帶來更好的運勢。

世界其他地區的農民曆文化

並非只有華人有擇日的文化，其他的國家與地區也有，只是華人的農民曆項目更為繁瑣詳盡而已。

美國

美國也有依占星術推算的農民曆

美國每年年底會有許多出版社發行隔年的農夫曆（Farmer's Almanac）、園藝曆（Gardening Calendar）和占星曆（Astrology Calendar），除了一般書店外，幾乎每個超級市場的書報雜誌區都可以買到。其中的內容有許多參考資料，非常類似華人的農民曆，尤其占星曆包含了每日宜忌，例如：何日適合出遊、購物、置產，或找異性朋友等，這些更是與我們農民曆的擇日內容類似。

雷根夫婦也是占星學的粉絲

傳說美國總統雷根的妻子南茜，在某個機會中認識了當時美國出名的女占星家，南茜對於她的占星技術非常佩服，也連帶影響了雷根，成為現代占星術的信仰者。

從此以後，雷根大大小小的行程安排都要先請這位占星家過目，尤其當他選上總統之後，南茜每年都會請她為雷根總統專製一個月曆，這個月曆上以紅、黃、綠三色把每天的運氣走向、吉凶方位、行事宜忌都標記在上面。

就像紅綠燈一樣，綠色是諸事皆宜的大吉日。黃色是中平，所以重要的國務活動，例如出訪、簽約就不能做，但接見一般客人與出席宴會就可以。紅色則代表諸事不宜的凶日。

這非常類似於中國農民曆的日曆，就這樣放在白宮的總統辦公室裡，辦公室負責人根據這本日曆來安排雷根總統的所有國務行程，例如出國訪問、登機搭船、談判簽約、接待訪客、主持會議、參加宴會等等。因此有傳聞說，堂堂美國總統的國務活動，竟然是在占星擇日的前提之下安排的，而且長達八年之久！

西藏

融合多文化的藏曆

在青藏高原這樣特殊環境下生活的藏人，他們不但觀察氣候天象與大自然的變化，更吸收了不少其他文化的智慧結晶，所以，他們除了擁有藏族固有的物候歷，也從印度引進了時輪曆等，還從漢地引進的時憲曆、五行學說，再加上西藏地域廣闊，各區域觀察天文的方法、條件以及傳說等不盡相同，於是在藏曆中呈現了豐富多元的諺語。

藏曆能預測長期氣候變化

藏曆的內容非常豐富，不只包含天體運行和大自然變化的規律，另一個重要內容就是氣象預報。透過觀察自然的變化，可以預測來年的天氣狀況，像是雪災、冰雹、旱澇及地震等自然災害，並探討季節氣候對疾病診斷治療的影響；同時又根據候鳥的季節性特徵，規劃各地農事事宜，因此至今仍然廣泛使用於西藏的農村牧區。

此外，藏曆還包括五行、八卦、九宮、十二生肖、二十四節氣、六十週年、春牛芒神、堪輿風水等等的內容，就像中原的農民曆一樣，是擁有多功能的豐富民曆。

根據統計，藏曆每年發行的數量高達十萬多冊，是除了藏文教科書以外，發行量最大的藏文書，甚至還遠銷到中國青海、四川、雲南、甘肅等省的藏區，和印度、尼泊爾、不丹等國。另外，西藏自治區的藏醫院天文曆算研究所，還利用藏族的天文曆算學預測每日的天氣預報，成了許多藏人相當依賴的生活情報。

農民曆索引

29

Mystery

29
Mystery